1년에 200권 읽으면 일어나는 일

1년에 200권 읽으면 일어나는 일

초 판 1쇄 2020년 11월 19일

지은이 남영화
펴낸이 류종렬

펴낸곳 미다스북스
총괄실장 명상완
책임편집 이다경
책임진행 박새연 김가영 신은서 임종익

등록 2001년 3월 21일 제2001-000040호
주소 서울시 마포구 양화로 133 서교타워 711호
전화 02) 322-7802~3
팩스 02) 6007-1845
블로그 http://blog.naver.com/midasbooks
전자주소 midasbooks@hanmail.net
페이스북 https://www.facebook.com/midasbooks425

© 남영화, 미다스북스 2020, *Printed in Korea*.

ISBN 978-89-6637-872-2 03190

값 15,000원

자꾸 행복해지고 계속 성장하기 위한 자기계발 독서법

1년에 200권 읽으면 일어나는 일

남영화 지음

미다스북스

단순히
읽기 시작했다는
이유만으로 책을
끝까지 읽지 말라

'단순히 읽기 시작했다는 이유만으로 책을 끝까지 읽지 말라.'

존 위더스푼의 명언이다. 나는 엄마의 권유와 내 삶이 바뀌었으면 하는 마음에 단순히 독서를 시작했다. 나에게 독서는 재미없는 일이었다. 삶을 바꾸고는 싶었지만, 목표가 없었고, 책만 펼치면 잠이 들었다. 한 달 동안 한 권을 겨우 읽으면서 독서를 왜 해야 하는지, 독서를 하면 무엇이 변하는지 궁금해졌다.

매일 책을 읽는 엄마의 모습을 보면 몇 달 만에 변한 모습들이 보였다. 긍정적인 말투와 행동, 우리 3남매에게 인생의 조언을 해주었고, 무슨 일을 할 때마다 자세하게 설명을 해주었다. 혼을 낼 때도 무작정 화를 내기보다 어떤 이유로 화가 났고, 우리의 행동이 어떻게 잘못되었는지, 앞으로 어떻게 해야 하는지도 알려주었다. 특히 유대인 육아법에 관련된 책을 읽으면서 우리가 세상을 현명하고, 씩씩하게 살아갈 수 있도록 가르쳐주었다. 점점 바뀌는 엄마의 모습을 보면서 '나는 왜 달라지지 않지? 나도 똑같이 엄마가 추천해주는 책을 읽는데.'라는 궁금증이 생겼다. 엄마의 행동을 자세히 살펴보니 나와 책을 읽는 방법이 다르다는 것을 알게 되었다. 독서 노트를 만들어서 적고, 밑줄을 긋고, 책에 나온 방법을 실천했다. 엄마는 생존 독서를 한 것이었다. 나는 단순히 책을 읽었기 때문에 삶이 바뀌기 원했지만 크게 실천하는 것이 없었다. 내가 책을 읽어도 변하지 않는 이유였다. 삶을 바꾸는 독서에는 방법이 있었고, 나는 그 방법을 모른 채 그냥 수박 겉핥기식으로 독서를 한 것이었다. 책을 단순히 읽기 시작했더라도 결국에는 삶이 개선돼야 한다. 책 한 권을 읽을 때마다 나의 삶이 조금씩 성장해야 한다.

나의 개인 저서 『하루 한 권, 독서의 힘』이 출간된 뒤로 사람들이 자주 하는 질문이 있다. '책 왜 읽어요?' '책을 읽으면 뭐가 바뀌어요?' 어떤 사람들은 책을 읽고 있는 엄마와 나의 모습을 보며 "가게 하느라 힘든데 뭐 이런 것까지 해? 왜 이렇게 재미없게 살아요?"라고 말한다.

하지만 우리는 책을 읽을 때가 제일 재미있다. 책을 한 권 읽을 때마다 또 다른 나를 발견하고, 새로운 것을 배운다. 내가 생각했을 때 재미있는 삶이란 항상 배우고, 새로운 것을 시도하는 삶이다. 두 번째 책 『1년에 200권 읽으면 일어나는 일』을 쓰게 된 계기는 첫 책을 출간하고 사람들이 독서법도 중요하게 생각하지만, 독서를 왜 해야 하는지, 독서를 하면 무엇이 좋은지, 책을 읽으면 어떤 변화가 일어나는지에 대해 궁금해하기다.

사람들이 책을 읽지 않는 이유는 몇 권의 책을 읽어보았지만, 삶의 변화를 느끼지 못했고, 주변에서 독서를 통해 성공한 사람을 본 적이 없기 때문이다. 운동해야 하는 것과 똑같은 것 같다. 사람들은 건강이 중요하고, 운동해야 한다는 것은 알고 있지만, 운동하지 않아도 지금 나의 건강에 큰 문제가 없어서 운동을 미룬다. 독서도 중요하고, 좋은 습관이라는 것은 알고 있지만 '내가 지금까지 책을 읽지 않아도 삶에 큰 문제는 일어나지 않았어!'라는 생각에 지금은 읽지 않아도 괜찮다고 생각하는 것이다.

나는 책을 읽기 전엔 열심히만 살면 되는 줄 알았는데 열심히 살면서 삶을 힘든 것으로 생각했고, 왜 힘든지 몰랐고, 불평불만이 많은 직장인, 어린 어른이었다. 책을 읽으면서 열심히 살면 된다고 말했던 부모님께 배웠기에 열심히만 하면 되는 줄 알았고, 주변의 환경을 통해 배웠기 때문에 힘들게, 평범하게 사는 방법밖에 몰랐다는 것을 알게 되었다.

책을 읽고 책의 내용 대로 실천하고 행동했더니 나의 삶은 180도 바뀌었다. 도전하고, 행복하고, 꿈을 찾았고, 즐거운 삶을 살고 있다. 25살에 책을 만나 27살인 지금은 작가가 되어 청춘들에게 꿈을 찾는 방법을 알려주는 동기부여가가 되었고, 독서를 어려워하는 사람들과 함께하며 독서의 중요성, 즐거움을 나누고 있다. 나는 이 책을 통해 사람들에게 왜 독서를 해야 하는지, 나에게 어떤 변화가 있었는지에 대해 적어보았다.

이 책이 나올 수 있도록 목차과외를 해 주신 '한국책쓰기1인창업코칭협회'의 김태광 대표 코치님과 '위닝북스'의 권동희 대표님께 감사드린다. 세상은 넓고, 내가 알고 있던 세상은 아주 조그마한 곳이었다는 것을 알게 해주셨고, 나도 모르고 있었던 내 안의 숨은 보석을 찾아주셨다. 마지막으로, 내가 책을 읽을 수 있게, 성장할 수 있게 이끌어주신 『평범한 사람도 특별하게 만드는 독서의 기적』 저자이자 나의 엄마, 나의 친구인 정미숙 작가님과 책을 쓰는 데 믿고, 응원해주신 우리 아빠, 내가 책을 집필하는 데 도움을 준 두 남동생에게 감사드린다.

목 차

1장

왜
내 인생은
꼬이기만
할까?

2장
—

하루
한 권
읽기에
도전하다

3장
—

1년에
200권
읽으면
일어나는 일

4장
—

실현
가능하고
지속 가능한
독서법

5장

평범한
직장인에게
독서는
가장 큰 무기다

1장

왜
내 인생은
꼬이기만
할까?

$$1$$

왜 내 인생은
꼬이기만 할까?

—

행동 하나를 바꾸었을 뿐인데
삶의 많은 것이 바뀌기 시작했다.

오늘 문득 '아침이 오는 이유는 신이 우리에게 기회를 주는 것이 아닐까?' 하는 생각이 들었다. 우리는 매일 새로운 아침을 맞이하지만, 대부분 매번 똑같은 레퍼토리로 하루를 보내고 있다. 나는 아침에 일어나서 준비를 하고, 엄마와 함께 운영하는 칼국수 가게로 출근한다. 점심시간이 되면 손님을 맞이하고, 3시쯤이면 브레이크 타임을 갖는데 그때 독서를 하거나 산책을 다녀온다. 저녁시간이 되면 다시 장사를 시작한다. 8시가 되면 가게를 마감하고 집으로 돌아와서 9시에 가족 독서 모임을 하고 하루를 마감한다. 매일 똑같은 레퍼토리….

자고 일어나면 새로운 삶이 시작되는 것인데 우리는 '아, 오늘도 또 하루가 시작되었어. 벌써 아침이야.' 하며 아침이 오는 것을 괴로워하고 있다. 신은 매일 밤 우리에게 '오늘 하루를 네가 알차게, 행복하게 보내지 못했다면 다시 살 기회를 주겠다.'라며 다음 날 아침을 선물로 주신 것이다. 나는 그렇게 생각하자 아침이 오는 것이 감사하고, 과거를 잊어버리고 새로운 삶을 살 수 있다는 희망이 생겼다.

작년 이맘때 〈이프 온리(If Only)〉라는 로맨스 영화를 본 적이 있다. 사랑하는 연인을 잃은 주인공 남자는 다음 날 아침 자신의 옆에서 자는 연인의 모습을 보고 소스라치게 놀란다. 자신이 꿈을 꾼 것으로 생각하지만 곧 꿈이 아닌 것을 깨닫게 된다. 연인이 살아 돌아와서 기뻐하던 그는 곧이어 운명을 바꿀 수 없다는 것을 알고 더 늦기 전에 자신의 진정한 사랑을 전하는 내용이었다.

나는 영화 속 연인이 죽어서 슬퍼하며 잠들었던 그가 다음 날 아침 연인이 살아서 자신의 옆에 있고, 날짜도 어제의 날짜가 되어 있는 것을 보고 당황해하던 모습이 생생하게 기억난다. 정말 당황했을 것이다. 나는 '사람들도 이렇게 살고 있다는 것을 알고 있을까?'라는 생각이 들었다. 우리의 날짜는 매일 하루가 더해져서 앞으로 가고 있지만 매일 일어나는 일은 똑같이 반복된다. 영화 속에서 매일 반복되는 하루를 보면 놀라운 일이지만 현재에서 반복되는 하루는 놀랍지 않은 것 같다.

책을 읽기 전, 나도 남자 주인공과 마찬가지로 힘든 하루를 보내고 다음 날이 되면 똑같은 일상이 반복되는 것을 경험했다. 내가 직장생활을 했을 때 매일 똑같은 일이 반복되니 오늘 있었던 일인지 어제 있었던 일인지도 헷갈렸다. 그만큼 생각 없이 무의미하게 하루를 보낸 것이다.

우리의 인생은 왜 꼬이는 것일까? 바로 위의 모습처럼 매일 똑같이 생각하고, 일하고, 하루를 보내기 때문이다. 똑같이 행동하는데 무엇이 바뀔까?

'미친 짓이란 매번 똑같은 행동을 반복하면서 다른 결과를 기대하는 것이다.'

아인슈타인의 명언이다. 사람들은 매일 똑같이 행동하면서 매일 더 나은 삶을 원한다. 인생이 풀리기를 원한다면 어제와 다른 행동, 생각을 해야 한다. 며칠 전 있었던 일이다. 출근 준비를 마치고 방문을 열고 나오자 엄마가 앞에 계셨다.

나를 보고 "준비 다 했어?"라고 말했는데 평소보다 기분이 좋지 않아 보였다. 나는 엄마가 화난 줄 알고 '나 때문에 화가 났나? 내가 무슨 잘못을 했지?' 하며 내가 잘못한 것이 없는데도 잘못한 점을 찾고 있었다.

가게로 출근하면서 엄마가 "영화, 오늘 아침에 뭐 했어?"라고 묻기에 "오늘 아침에 일어나자마자 아침 일기 쓰고, 스트레칭."이라고 답했다. 엄마는 나의 말이 끝나자 "또?"라고 물었고, "또, 방 청소도 하고, 필사도 했지요."라고 말했지만 나는 점점 자존감이 낮아지고 있었다. 평소보다 일찍 일어나서 이것저것 많은 것을 했다고 생각하며 뿌듯하게 방을 나섰는데 화난 표정에 꼬치꼬치 캐묻는 엄마의 말에 '내가 한 게 별로 없나? 내가 아침에 한 행동들이 잘못되었나?'라는 부정적인 생각들이 떠올랐다. 그렇게 생각하자 가게에 출근해서부터 화가 나고 기분이 좋지 않았다. 엄마가 나에게 무슨 말을 하면 말이 툭툭 나왔고, 표정도 좋지 않았다. 엄마는 나의 표정, 나의 행동 때문에 점점 화가 난다고 말했다. 점점 상황이 이상하게 흘러갔다. 나는 엄마가 나에게 그렇게 말해서 내가 화가 난 것이라고 생각했는데 상황이 꼬이고 있었다.

나는 누군가가 나에게 조언을 하거나 잘못을 이야기하면 내가 잘못되었다고 생각하는 습관이 있다. 내가 아침부터 느꼈던 것을 모두 엄마에게 말했고, 엄마는 다른 일 때문에 아침에 그렇게 말한 것 같다며 "엄마는 지금 너에게 관심이 없는데, 너는 너무 엄마의 표정에 예민해. 다른 사람들도 마찬가지야. 너에게 그렇게 관심을 가지고 있지 않아. 다른 사람의 표정이나 말투는 신경 쓰지 마."라고 말했다. 누군가의 표정, 몸짓, 말투에 신경을 쓰고 싶지 않지만 예민하고, 소심한 탓에 자꾸만 내가 무언가를 잘못했다고 생각하고, 내가 무엇을 잘못했는지 찾으려고 했다.

엄마는 나에게 조언을 해주었다. "영화가 만약 누군가의 표정이나 행동이 마음에 걸리면 네가 웃으면서 먼저 다가가봐. 영화가 웃으면서 말을 걸었는데 그 사람이 뚱하다면 뭔가 이유가 있는 것이겠지. 대부분의 사람들은 살갑게 다가오면 미소를 지을 거야. 너의 생각은 너의 생각일 뿐이야."라고 말했다.

나는 그다음부터 누군가의 표정이나 행동이 마음에 걸리면 "오늘 무슨 일 있었어요? 오늘 기분이 안 좋아요?"라고 먼저 물어본다. 그러면 "아, 오늘 이런 일이 있어서요.", "아 오늘 제가 무슨 일을 마쳐야 하는데 집중하고 있어서 그랬나 봐요."라고 말한다. 내가 먼저 바뀌었더니 마음도 편하고, 사람들에 대한 오해도 없어졌다.

이것 외에도 내가 행동 하나를 바꾸었을 뿐인데 삶의 많은 것이 바뀌기 시작했다. 당신의 삶이 바뀌기 원한다면 당신의 작은 행동 먼저 바뀌어야 한다. 만약 당신이 오늘 하던 일이 꼬였다면 내일은 다른 방법으로 하루를 보내야 한다. 중요한 것은 자기 자신의 어떤 부분을 어떻게 바꾸어야 하는지 잘 모른다는 것이다. 나는 평소에 엄마가 이야기해주는 부분도 많지만, 책을 읽으면서 나의 습관들을 알게 되었다. 책을 읽기 전

'나는 행복하지 않아, 왜 나만 불행하지?, 난 참 불행한 아이야, 나는 왜 이 세상에 태어났을까?'라는 부정적인 것만 생각했다. 부정적인 말과 생각만 하던 나에게 과연 좋은 일이 일어났을까? 머피의 법칙처럼 안 좋은 일만 연속적으로 일어났다. 내가 부정적인 것을 끌어당기고 있다는 것을 모른 채 세상만 탓하고 있었다.

나의 문제가 무엇인지 찾지 못했고, 무엇이 문제인지 모르기 때문에 해결하지 못하고 꼬이기만 하는 것이다. 해결하려고 해도 다른 방법으로 해결하려 하기 때문에 더욱 꼬이기만 하는 것이다. 독서를 시작하면서 나는 내가 어떤 행동을 했고, 어떤 생각을 하는지 알 수 있었다. 여기에서 더 나아가 내가 왜 이런 행동을 했고, 이런 생각을 하게 되었는지도 알 수 있게 되었다.

당신의 삶이 행복해지기를 원한다면 책을 읽으면 된다. 책을 읽으면서 '내가 이런 행동을 해서 사람들이 나에게 이렇게 행동했구나.'라고 알 수 있고 '아, 이런 사람도 있구나 혹시 나도 이런 말과 행동을 하고 있지 않을까?' 하며 자기 자신을 되돌아보게 된다.

책은 정말 신기하다. 내가 한 행동, 습관, 생각, 실수 모두 '누구의 잘못도 아니다.'라고 말해준다. '왜 누구의 잘못도 아닐까?' 모두 모르고 그 상황에서 자신만의 방법으로 최선을 다했기 때문이다. 이 세상의 모든 사람은 도와주려고 한다. 그러나 말하는 법, 행동하는 법을 제대로 알지 못해서 많은 오해가 쌓이고, 삶이 꼬이기 시작하는 것이다.

나의 문제가 무엇이고, 주변 사람들이 바뀌기를 원한다면 책을 읽어야 한다. 늦었을 때란 없다. 지금, 이 순간이 남은 나의 인생에서 가장 빠를 때라는 것을 잊지 말아야 한다. 앞에서 말한 영화 〈이프 온리(If Only)〉의 남자 주인공처럼 남은 삶을 후회하지 않기 위해 지금 당장 실천해야 한다. 제일 먼저 행동을 해라. 책을 들고 읽어보자.

$$2$$

20대는 늘
아프고 불안하다

–

우리는 지금 당장 못하면
더 이상 아무 것도 할 수 없다고 생각한다.

20살은 성인이 된 시기라고 말한다. 성인(成人)이란 말 그대로 자라서 어른이 된 사람을 말한다. 고등학교를 졸업하고, 성인이 된 사람을 요즘에는 '어른'과 '어린이'를 합친 말로 '어른이'라고 부른다. 원래 '어른이'라는 단어는 어린이들이 좋아하는 영화나 만화, 장난감에 열광하거나 광적으로 수집하는 취미를 가진 어른을 일컫는데 요즘엔 나이는 성인이지만 행동하는 것은 어린이와 같은 사람도 '어른이'라고 부른다.

나는 나의 저서 『하루 한 권, 독서의 힘』에서도 말했듯이 20대는 더이상 '어린 어른'이 아니라는 것을 알려주고 싶다. 나를 먹여 살려야 하는 어엿한 어른이다. 나는 요즘 '어린 어른'이라는 말을 많이 쓴다. 나도 아직 완전한 어른이 되지 못했지만 '어른'이 된다는 것은 정말 어려운 일인 것 같다. 특히 스마트폰 세대, 부모님이 모든 것을 다 해준 요즘 어린 어른들은 더욱 어른이 되는 것을 힘들어한다.

내가 대학에 입학했을 때 부모님은 "20살, 성인이 되었으니 모든 것을 스스로 해결해야 한다."라고 말씀하셨다. 20살, 지금껏 꿈도 없고 혼자서 무엇을 해야 할지 모르던 나에게 부모님의 말씀은 나를 당황스럽게 만들었다. 학창시절 치킨 가게를 운영하셨던 부모님의 가게를 도우며 학교생활만 했지 사회에 나가서 무엇을 해야 하는지 제대로 배운 적도 생각해본 적도 없었다. 나는 학교를 마치면 가게에 와서 저녁을 먹고 늦은 시간까지 바쁜 가게를 도와드리며 열심히 일하는 법을 배웠다. 열심히 살아야 한다는 것을 배웠다.

대학을 졸업하고 직장에 취직했지만, 문제에 맞닥뜨렸다. 어린이집 교사를 했던 나는 아이들과의 문제, 학부모와의 문제, 교사들과의 문제로 많은 스트레스를 받았다. 인간관계, 직장생활을 어떻게 해야 하는지 몰랐다. 일은 잘했지만, 사람들과의 관계는 나에게 너무 어려운 것이었다.

요즘 20대에게 방황, 흔들림, 혼돈, 자유라는 수식어가 붙는다. 20대는 충분히 어른이지만 어른 대접을 받지 못한다. 20대뿐만 아니라, 30

대, 심지어 40대인 선배들도 어른답게 살지 못해서 존중받지 못한다. 왜 그런 것일까? 10대 학창시절 학교 공부만 하거나 친구들과 노느라 시간을 허비하다가 20대 성인이 될 때까지 자신이 어떻게 살아야 하는지 배운 적이 없다. 20대가 되면 주변에서 도움의 손길도 조금씩 거둔다.

어린 어른들은 더욱 방황하게 되고, 자꾸만 흔들리고, 혼란스러울 수밖에 없다. 주변에서 도와주지 않으니 늘 아프고, 힘들고, 불안하다. 흔들리는 20대는 어떻게 해야 할까? 내가 추천하는 것은 독서이다. 내가 독서를 추천하는 이유는 독서로 삶이 바뀌기 시작했고, 20대 초반에 읽었더라면 하는 아쉬움이 남아 있기 때문이다.

23살 첫 직장에 취직하고 매일 설레는 마음으로 출근했다. 그러나 곧 매일 똑같은 레퍼토리로 일과를 보내면서 나의 열정은 식어갔고, 꿈도 없어졌다. 어린이집을 퇴근하면 부모님이 일하는 치킨 가게로 가서 밤늦은 시간까지 가게 일을 도와드리고 집으로 향했다.

매일 반복되는 일상에 지쳐갔던 나는 우울증, 슬럼프가 오기 시작했다. 아이들과 함께하는 일상도 재미있지 않았고, 매일 화가 늘어나고, 건강에도 이상 신호가 왔다. 점점 불안해지기만 했다. 직장생활에서의 인간관계도 나빠져서 힘들었던 나는 인터넷 검색을 했다.

'사회생활 잘하는 법' 많은 글 중에서 '신입사원이 직장생활 잘하는 법'
이 눈에 띄었다. 첫째, 언제나 먼저 인사하라. 둘째, 싫은 티를 내지 마
라. 셋째, 미소를 잃지 말고, 상대방의 이야기에 경청하라. 넷째, 뒷담화
하지 마라. 다섯째, 직장 동료와 선을 유지하라. 여섯째, 속마음을 전부
보여주지 마라 등.

나는 이 글을 읽고 다음 날 출근해서 실천하기로 했다. 먼저 인사하기,
평소에 누군가를 만나면 먼저 인사하던 습관이 있었기에 이것은 어렵지
않았다. 중요한 것은 두 번째에서부터 막혔다. 나는 싫은 티, 좋은 티를
감추지 못한다. 만약 누군가 나에게 조언을 하거나, 듣기 싫은 말을 했다
면 나는 하루 종일 그 사람을 보면서 표정이 안 좋다. 그런데 하필 그날
따라 나에게 뭐라고 하는 사람이 많았다. 나는 하루 종일 기분이 좋지 않
았고, 결국 원장실에 불려갔다. "영화쌤은 표정 관리가 안 돼. 성인이 되
면 어느 정도 자기 감정은 조절할 줄 알아야지."라고 말하는데 하루 종일
기분 나쁜 이야기를 들었는데 그 말을 듣고 어찌 기분이 좋겠는가. 게다
가 나는 "네~ 맞아요~." 하며 살갑게 대답할 줄 몰랐다.

사회초년생이 검색에서 알려준 '사회초년생 직장생활 잘하는 법'을 모
두 해낼 수 있을까? 정말 그 직장에서 일하고 싶은 사람이라면 해낼 수도
있다. 그러나 대부분의 20대는 아마 직장을 그만두면서 나와 같은 마음

일 것이다. 나는 일은 많이 힘들지 않았다. 인간관계가 힘들기 때문에 일이 더욱 힘들게 느껴졌다.

가끔 주변 사람들에게 책을 읽으라고 말하면 이런 질문을 하는 사람들이 있다. '책에서도 인터넷 검색이랑 똑같이 알려주는 거 아닌가? 왜 굳이 독서를 해야 하지?'라고 생각하는 사람들도 있을 것이다. 대부분의 사람이 모르는 것이 생기면 스마트폰으로 검색을 한다. 검색하면 다양한 정보가 쏟아져나온다. 그런데 가끔 정보에도 갈림길이 생긴다. 누구는 이런 행동이 정당한 것이라고 말하고, 어떤 사람은 이런 행동은 나쁜 행동이라고 말한다.

내가 인터넷 검색이 아닌 책으로 해답을 찾는 이유는 저자의 경험이 모두 적혀 있기 때문이다. 그 사람의 경험을 통해 나의 경험과 연관지어 생각하다 보면 나의 잘못된 점, 그 사람의 잘못된 행동들이 보이고, 내가 그 상황에서 어떻게 말을 했어야 하는지 앞으로 어떻게 해야 하는지를 알 수 있다. 또, 인터넷 검색은 내가 검색한 정보만 알려준다. 그러나 책은 내가 알고자 했던 것뿐만 아니라 그 이상으로 다양한 지혜를 나에게 알려준다. 그래서 나는 인터넷 검색보다 주로 책을 많이 본다.

20대는 아프고 불안한 것이 정상이다. 아무것도 모르고 시작하는 것은 언제나 어렵고, 까마득한 퍼즐놀이 같다. 퍼즐을 처음 꺼내면 무엇부터 해야 할지 모른다. 퍼즐을 맞출 땐 테두리부터 맞추면 퍼즐의 윤곽과 크기가 드러난다. 이처럼 20대가 되어서 무엇을 해야 할지, 어떤 생각을 해야 하는지 모르겠다면 책을 읽으면 된다. 책을 읽다 보면 나의 삶이 보이고, 내가 앞으로 무엇을 해야 하는지 알 수 있다. 내 삶의 윤곽과 크기가 보이는 것이다. 모르는 것은 나쁜 것이 아니다. 모르는데 무엇을 한단 말인가.

진짜 나쁜 것은 알려고 노력하지 않는 것이다. 조선시대 소문난 독서광이자 시인이었던 김득신의 아버지 김치의 말이다.

'누구에게 보여주기 위한 공부도 아니고, 잘난 체하기 위한 것도 아니다. 자신을 갈고 닦아 세상에 이로운 인간이 되기 위해 공부하는 것이니 지금 못한다고 해서 그만두어서는 안 된다. 공부를 못하는 것이 죄가 아니라 안 하는 것이 죄다.'

우리는 지금 당장 못하면 더이상 아무것도 할 수 없다고 생각한다. 그러나 처음 시작을 누구나 잘할 수 없다. 김득신은 어릴 때 천연두로 머리가 나빠져서 주변의 많은 사람들이 공부를 포기하라고 이야기했을 정도였다. 같은 책을 석 달 동안 읽어도 첫 구절조차 기억하지 못했다고 한다. 그러나 포기하지 않고 수없이 책을 반복해서 읽었는데 1만 번 이상 읽은 책만 36권이라고 한다. 포기하지 않고 독서를 했기에 59세라는 나이에 과거에 급제할 수 있었던 것이다.

20대는 살아가면서 많은 것을 배우고, 익히고, 나를 알아가는 시기이다. 포기하기엔 너무 이른 시기라는 것이다. 늘 아프고, 불안하고, 방황하는 것 같지만 책을 읽고, 자신의 꿈을 찾으면 김득신처럼 포기하지 않고 곧 성공을 향해 달려가는 자신의 모습을 발견하게 될 것이다. 나는 2년 동안 책을 읽으면서 꿈을 찾았고, 작가가 되었고, 삶이 바뀌기 시작했다. 여러분도 나처럼 독서를 하면서 조금씩 삶이 바뀌는 독서의 힘을 느껴보았으면 한다.

우리는 잘못된
방식으로 살고 있다

—

책에서 알려주는 대로 행동했더니
삶이 행복하게 바뀌기 시작했다.

2년 전 엄마가 '공자와 안회 이야기'를 들려주었는데 나는 그 이야기가 지금까지 생생하게 기억난다. 안회는 배움을 좋아하고 성품이 좋아서 공자의 마음에 든 제자 중 한 명이었다.

어느 날 안회는 공자의 심부름으로 시장에 들렀는데 한 포목점 앞에 많은 사람이 모여 있고 시끄럽기에 다가가 보았다. 알고 보니 가게 주인과 손님이 시비가 붙은 것이다. 포목을 사러 온 손님이 큰소리로 "3×8은 분명히 23인데 왜 나한테 24전을 요구하느냐."라고 말하자 안회는 이 말을 듣고 그 사람에게 먼저 정중히 인사를 한 후 "3×8은 분명히 24인데 어째서 23입니까? 당신이 잘못 계산을 한 것입니다." 하고 말했다.

포목을 사러 온 사람은 안회의 코를 가리키면서 "누가 너더러 나와서 따지라고 했냐? 도리를 평가하려거든 공자님을 찾아야 옳고 틀림은 그 양반만이 정확한 판단을 내릴 수 있다!" 안회는 "좋습니다. 그럼 만약 공자께서 당신이 졌다고 하시면 어떻게 할 건가요?" 물었고, 손님은 "그러면 내 목을 내놓을 것이다. 그런데 너는?" 되물었다. 안회는 "제가 틀리면 관을 내놓겠습니다." 말했다. 두 사람은 내기를 걸고 공자를 찾아갔다. 공자는 자초지종을 다 듣고 나서 안회에게 웃으며 "네가 졌으니 이 사람에게 관을 벗어 내주거라" 말했다. 안회는 순순히 관을 벗어 포목 사러 온 사람에게 주었고, 그는 관을 받고 돌아갔다.

안회는 공자의 판정에 대해 겉으로 내색하지 않았지만 도저히 이해할 수가 없었다. 자기 스승이 이제 너무 늙었고, 우매하니 더이상 배울 것이 없다고 생각했다. 다음 날, 안회는 집안일을 핑계로 공자에게 고향에 잠시 다녀올 것을 요청했다. 공자는 아무 얘기도 하지 않고, 고개를 끄덕이며 허락했다. 안회는 떠나기 직전에 공자에게 작별 인사를 하러 갔는데 공자가 일을 처리하고는 즉시 바로 돌아올 것을 당부하면서 안회에게 두 마디 충고를 해주었다. '천년고수막존신(千年古樹莫存身), 살인부명물동수(殺人不明勿動手)'

안회는 작별인사를 한 후 집으로 향해 달려가다가 갑자기 천둥소리와 번개를 동반한 큰 소나기를 만났다. 잠시 비를 피하려고 길옆에 오래된 고목 밑으로 뛰어 들어가려는데 공자의 첫 마디인 '천년고수막존신(千年 古樹莫存身), 천년 묵은 나무에 몸을 숨기지 말라'는 말이 떠올랐다. 그동 안 사제의 정을 생각해서 그가 해준 충고 한 번쯤은 들어줘야지 하며 그 곳을 다시 뛰쳐나왔는데 바로 그 순간에 번쩍하며 그 고목이 벼락에 맞 아 산산조각이 되어버렸다.

안회는 놀라움을 금치 못했고, 스승님의 첫마디가 적중했다는 생각에 두 번째 충고를 되새겨보았다. '과연 내가 살인을 할 것인가?' 한참을 달 리다 집에 도착하니 이미 늦은 심야였다. 그는 집 안으로 들어가 조용히 보검으로 아내가 자는 내실의 문고리를 풀었다. 컴컴한 침실 안에서 손 으로 천천히 더듬어 만져보니 침대 위에는 두 사람이 자고 있었다.

순간 화가 치밀어 올라와 검을 뽑아 내리치려는 순간 공자가 충고한 두 번째가 생각났다. '살인부명물동수(殺人不明勿動手), 명확치 않고서 는 함부로 살인하지 말라.' 얼른 촛불을 켜보니 침대 위에 한쪽은 아내이 고 또 한쪽은 자신의 누이동생이 자고 있었다. 안회는 다음 날 날이 밝기 무섭게 공자에게 되돌아가 스승을 만나자마자 무릎 꿇고 말했다. "스승 님이 충고한 두 마디 말씀 덕분에 저와 제 아내와 누이동생을 살렸습니 다. 어떻게 사전에 그런 일이 일어날 수 있다는 것을 알고 계셨습니까?"

공자는 안회를 일으키며 "어제 날씨가 건조하고 무더워서 다분히 천둥 번개가 내릴 수가 있을 것이고, 너는 분개한 마음에 또한 보검을 차고 떠나기에 그런 상황을 미리 예측할 수 있었던 것이다." 공자는 이어서 "사실 나는 이미 다 알고 있었다. 네가 집으로 돌아간 것은 그저 핑계였고, 내가 그런 판정을 내린 것에 대해 내가 너무 늙어서 사리 판단이 분명치 못해 더 이상 배우고 싶지 않기 때문에 그런 것이 아닌가? 한 번 잘 생각해보아라. 내가 3×8이 23이 맞다고 했을 때 너는 지게 되어 그저 관 하나 내준 것뿐이지만 내가 3×8이 24라고 했다면 그 사람은 목숨 하나를 내놓아야 했지 않겠는가? 안회야 말해보거라. 관이 더 중요하더냐? 사람 목숨이 더 중요하더냐?" 안회는 비로소 이치를 깨닫고 공자 앞에 다시 무릎을 꿇고 큰 절을 올리면서 말했다. "부끄럽기 짝이 없습니다. 스승님의 대의를 중요시하고 보잘것없는 작은 시비를 무시하는 그 도량과 지혜에 탄복할 따름입니다." 그 후로 공자가 가는 곳에 안회가 그의 곁을 떠난 적이 없었다.

나는 이 이야기를 들으면서 내가 살면서 중요하다고 생각했던 것들이 어쩌면 크게 중요하지 않았던 것일수도 있다는 생각이 들었다. 나는 평소에 작은 일로 화를 잘 내었고, 토라졌다. 엄마는 그런 나에게 "'그게 뭐라고.'라고 생각해봐."라고 말했다. 그 뒤로 무슨 일을 하다가 화가 나거나 내 마음대로 되지 않아서 부정적인 생각이 들 때면 마음속으로 '그게 뭐라고. 그래서 그게 뭐?'라고 말한다. 그러면 화나고, 큰일 같았던 것이 모두 작은 일로 느껴진다. 크게 생각하면 큰일이 되고 작게 생각하면 쉽게 풀린다. 나의 주변을 둘러보면 사소한 일로 다투는 모습을 자주 보게 된다. 작은 일에 시간을 쏟지 않으려면 자신만의 소신을 가져야 한다.

이 글을 통해 또 하나 알게 된 것은 수직적인 관계이다. 나 또한 안회처럼 주변에서 나에게 조언을 해주는 사람, 유명한 사람, 내가 생각하기에 어른스러운 사람들의 말을 잘 듣고 따랐다. 내가 생각하기에 나보다 나이가 많아도 어른스럽지 않다는 생각이 들면 배울 점이 없다고 생각했다. 처음 책을 읽을 땐 주변 사람들의 행동과 생각이 조금씩 보이면서 그 사람들보다 내가 좀 더 나은 사람이라고 생각했다. 그런 나의 모습에 엄마는 "영화야, 도서관에 가봐. 책이 얼마나 많은지. 이제 책 몇 권 읽어놓고 왜 다른 사람들을 너보다 낮게 보니? 이 세상엔 영화보다 책을 많이 읽은 사람들이 더 많아. 그리고 주변 사람들에게 언제나 배울 것이 있어."라고 알려주었다. 몇 권의 책을 더 읽으면서 나는 이 세상의 모든 것에는 배울 점이 있다는 것을 알게 되었다.

우리는 왜 잘못된 방식으로 살고 있을까? 다른 사람들의 말을 듣고 살아가기 때문이다. '성공한 사람들은 이런 걸 한대, 성공한 사람들은 지금 여기에 투자한대.'라는 소문만 듣고, 그것을 확인해보지 않은 채 실행한다. 자기 주관이 뚜렷하지 않고, 주변 사람들에게 물어보거나 사람들이 하는 말만 믿고 그렇게 행동하기 때문에 삶이 힘든 것이다.

나는 독서하기 전 사람들의 이야기를 많이 믿었다. 한 마디로 귀가 얇았다. 온라인에서 이슈가 되는 것, 뉴스, 유행하는 것에 많이 현혹되었다. 그래서인지 사람들이 많이 몰리는 곳에 나도 함께하려고 했다. 북적북적한 사람들 속에서 튀고 싶었다. 어린이집 직장생활을 할 때 선생님들, 학부모님의 이야기를 들으며 세상이 돌아가는 것을 알았다. 누군가가 다른 사람을 흉보면 아무것도 모른 채로 같이 흉보기도 했고, '여기가 그렇게 잘한대. 여기가 유명한 사람이래.'라고 말하면 그곳에 가보고, 그 사람을 만나보려고 했다. 사람들의 말에 의해 나는 살아가고 있었다. 세상을 모른 채 내가 없는 채로 살고 있었다.

주변의 부자들을 보면 사람들이 많은 곳을 선호하지 않는다. 또 자신의 문제, 어려운 점을 주변 사람들에게 물어보지 않는다. 해결책은 전문가와 책에서만 찾는다. 사람들이 힘든 이유는 자신과 비슷한 문제를 가지고 사는 주변 사람들에게 이야기하고, 해결책을 구하기 때문이다. 전에 한 번 아주머니들끼리 모여서 이야기하는 것을 얼떨결에 듣게 되었는데 서로 누가 더 불쌍한지 내기를 하는 것 같았다. 한 아주머니가 "우리 신랑은 아침에 나가서 밤늦게 들어와. 얼굴 볼 수가 없어. 왜 집에를 안

들어오지?"라고 말하자 옆에 있던 아주머니가 "차라리 밖에 나가서 안 들어오는 게 낫지. 우리 남편은 하루 종일 집에만 붙어 있어. 뭐 도와주는 것도 없고 앉아서 TV하고 휴대폰만 보고 있다니까. 요즘 삼식이라고 하잖아. 하루 세끼 밥 챙겨주다 보면 속에서 천불이 나."라고 말한다. 서로 자신의 힘든 점을 공감받고 싶고, 해결책을 찾고 싶어서 이야기한 것인데 주변 사람들은 '괜찮아. 원래 그렇더라.'라는 식이다. 공감은 해주어도 제대로 된 해결책을 주지는 못한다.

책은 내가 어떤 점이 잘못되었고, 어떻게 고칠 수 있는지, 상대방의 잘못된 점과 어떻게 하면 상대방과 나아질 수 있는지에 대해 자세하게 사례를 들어서 알려준다. 그런데도 사람들에게 책을 읽으라고 이야기하면 "그건 책이니까 가능하지, 이 세상은 책처럼 돌아가지 않아."라고 말한다. 책을 읽으면 머리가 이상해진다는 둥, 책이 전부가 아니라고 말한다. 사람들은 신기하다. 자신이 힘든 것을 개선하고 싶어서 해결책을 물어보지만 자신이 원하는 대답이 아니면 그것이 옳지 않다고 생각하거나, 믿지 않는다. 그래서 힘든 것이다. '변화하고 싶지 않고, 책을 읽고 싶지 않다.'는 뜻이다.

나는 사람들이 힘든 이유는 우리의 마음과 뇌가 원하는 것을 채워주지 않았기 때문이라고 생각한다. 우리는 배가 고프면 밥을 먹어서 배를 채

운다. 배가 고프지 않아도 음식을 먹고 자꾸자꾸 채워서 살이 찌기도 한다. 그런데 뇌와 마음이 허기를 느끼고 있다는 것은 인지하지 못한다. 우리의 뇌와 마음은 사랑과 지혜를 원하는데 뇌가 배고픔을 전달해도 사람들이 크게 반응하지 않아서 자꾸만 더 괴로워진다.

배가 고플 때 음식을 먹지 않고 계속 굶는다면 우리는 생명에 위험을 느낀다. 뇌와 마음도 똑같다. 배가 고픈데 밥을 주지 않으니 점점 더 삶이 힘들어지고, 괴로워지는 것이다. 우리는 책을 읽고 뇌가 원하는 것, 마음이 원하는 것을 충족시켜주어야 한다.

우리는 잘못된 방식으로 살고 있다. 나는 책을 통해 내가 지금껏 어떻게 살아왔고, 부정적인 생각을 하고 있고, 좋지 않은 습관을 많이 가지고 있다는 것을 깨닫게 되었다.

그러고 나서는 책에서 알려주는 대로 행동했더니 삶이 행복하게 바뀌기 시작했다. 삶이 힘들다고만 하지 말고, 책을 한 권이라도 읽어보고 이야기해보자. 단 한 권의 책이, 어쩌면 한 문장이 당신의 인생을 바꾸어줄 수도 있다.

$$4$$

세상은 거꾸로
살아야 한다

—
·

당신이 할 수 있는 일을
다른 사람도 할 수 있도록 만들어야 한다.

〈앞으로〉라는 동요가 있다. 앞으로 계속 걸어나가면 온 세상 사람들을 다 만난다는 귀여운 노래이다. 그런데 우리는 이 노래 가사처럼 앞으로만 걸어가려고 한다. 가끔은 뒤도 돌아보고, 거꾸로도 세상을 볼 수 있어야 한다. 앞만 보고 달리는 인생은 재미가 없고, 힘들다. 옆을 돌아보면 멋진 풍경이 있고, 뒤를 돌아보면 나를 따라오는 사람들이 있다. 거꾸로 보면 어떨까? 세상이 재미있어진다.

어린이집 교사 시절 아이들에게 『청개구리』라는 동화를 들려준 적이 있다. 청개구리는 매일 엄마가 하는 말을 거꾸로 하던 말썽꾸러기 개구리이다. 나는 가끔 사람들이 나에게 하는 말을 청개구리처럼 거꾸로 행동해야 한다는 생각이 든다. 책을 읽기 전에는 사람들의 말에 의해 삶이 결정되었다. 그래서 "열심히만 하면 성공할 수 있어."라는 말만 믿고 열심히만 살아왔지만 행복하지 않았고 성공하지 않았다.

부모님은 나에게 언제나 열심히 하라고 가르쳐주었다. 그래서 나는 직장생활도 열심히만 했다. 다른 선생님들보다 서류, 수업 준비를 빨리해 놓았더니 처음 입사한 막내가 너무 열심히 한 탓에 선배들에게 비교의 대상이 되었고, 친해지고 싶었던 선배들과 더욱 멀어져만 갔다. 열심히 해야 한다고 해서 열심히만 했더니 다른 선배들은 나에게 일을 주기 시작했다. 직장에서 내가 해야 할 일을 다 했는데도 다른 일까지 맡아서 하게 되었고 나의 일이 불어나자 점점 지쳐가기 시작했다. 어린이집을 마치고 와서 가게 일을 도우며 짬짬이 불어난 직장 일까지 해야 했다.

들뜬 마음으로 열심히 일하다 보면 하나둘 일이 쌓여간다. 처음엔 묵묵히 해내지만, 점점 쌓여가는 나의 일에 주변을 둘러보면 '나만 열심히 하고 있었네.'라는 생각이 들면서 힘이 빠지기 시작한다. 나는 직장에서 불만을 표시하기 시작했다. 그랬더니 왕따 아닌 왕따가 되어버렸다. 매주 회의를 할 때마다 나에게 업무가 쏟아졌고, 뾰로통한 표정으로 있으면 불려가서 혼이 났다. 결국, 나는 그만두겠다고 이야기를 했다가 또 혼이 나고 말았다.

열심히 하는 모습이 보기 좋고, 나에게 일을 주면 잘해오니까 자꾸만 나에게 일을 부탁하게 된다는 것이었다. 선배들이 예뻐서 일을 주면 고맙게 생각해야지 막내가 기분 나쁜 표시를 자꾸 내면 어떻게 하냐는 말에 나는 '내가 일을 잘해서 그런가 보다.' 생각하며 다시 일을 시작했지만 매년 교사 상담 시간 "저 올해까지만 하고 그만두겠습니다."라고 외쳤다. 선배들은 "영화야, 너무 열심히 하려고 하지 마. 너 안 힘들어?"라고 물었고, 나는 "힘들지만 할 줄 아는 걸 할 줄 안다고 말해야 하는 거 아니에요?" 말했다. 선배는 "나도 사실 그거 할 줄 알아. 근데 그거 한 줄 안다고 하면 다 날 시키니까 그냥 애초에 할 줄 모른다고 하는 거야."라고 말했다. 나는 그 뒤로 무언가를 물으면 "할 줄 몰라요."라고 말했고, 나의 시간이 남아도 누군가를 도와주기보다 나의 시간에 투자하기로 했다. 내가 나의 일을 빨리 해놓고 누군가를 도와주는 모습을 보고, 선배들은 내가 시간이 남는다고 생각했다고 말했다. 그래서 자꾸만 자기 일을 나에게 더 주었다고 말했다. 나는 그 말을 듣고 나에게, 우리 반 아이들에게 투자하기로 마음을 먹었다.

직장생활을 그만두고 책을 읽으면서 조금씩 깨달았다. 할 줄 알아도 모른다고 하는 것이 아니라, 선배들에게 하는 방법을 알려주어야 한다는 것을. 나는 나에게 준 것을 다 나 혼자 해냈다. 선배들은 할 줄 모른다는 말만 하고 나에게 일을 주었다. 나의 일을 불리는 것이 아니라 선배들이 할 수 있도록 만들어야 했다. 내가 출근하지 않았을 때, 회사가 흔들린다는 것은 당신의 일이 너무 많다는 것이다. 당신이 할 수 있는 일을 다른 사람도 할 수 있도록 만들어야 한다. '나만 알고 있는 방법인데. 나만 알고 싶은데.'라는 생각이 든다면 영원히 혼자서 많은 일을 해내야 한다.

우리는 거꾸로 생각해야 한다. 우리 주변에는 거꾸로 생각해야 할 것이 너무 많다. 경쟁, 학업, 소비, 인간관계, 자유 등 평소에 듣고 자라온 틀에서 벗어나 거꾸로 생각해볼 필요성이 있다. 예를 들어 경쟁 사회라고 말하지만 우리는 경쟁하지 않고도 발전할 수 있다. 대학 시절 독서 토론을 하다가 한 친구가 '토끼와 거북이 현대판'을 이야기해준 적이 있다. 우리가 알고 있는 동화 '토끼와 거북이'는 토끼가 거북이와 달리기 시합을 하고, 토끼는 달리다가 거북이가 늦은 모습을 보고 낮잠을 잔다. 거북이는 땀을 뻘뻘 흘리며 쉬지 않고 경주를 해서 잠자는 토끼를 제치고 정상에 도달한다는 이야기이다.

친구가 알려준 현대판 토끼와 거북이는 조금 다른 내용이다. 늑대가 토끼와 거북이에게 달리기 시합을 시키고, 둘 중 시합에서 지는 동물을 잡아먹는다고 이야기한다. 토끼와 거북이는 잡아먹히지 않기 위해 열심히 달린다. 발 빠른 토끼가 거북이를 지나쳐 달리던 중 강을 만나게 된다. 거북이가 "토끼야, 내 등에 업혀."라고 말했고, 거북이는 토끼를 업고

강을 건넜다. 강을 건너자 이번에는 토끼가 거북이를 업고 정상까지 달려서 동시에 골인하게 된다. 이것을 지켜본 동물 가족은 환호성을 질렀고 늑대는 달아나버렸다는 이야기이다.

나는 어렸을 적 토끼와 거북이 이야기를 들으면서 '네가 거북이라면 어떻게 할 것이냐?'라는 질문을 받은 적이 있다. 나는 그 시절 토끼를 깨워서 같이 가겠다고 말했지만, 어른들은 "그러다가 토끼가 먼저 달려가서 이겨버리면 어떡하려고?"라고 되물었다. 어른들은 세상에는 믿을 사람이 없다고 항상 가르쳤다. 또, 거북이를 나쁘다고 말하지 않았다. 거북이는 현명하고, 끈기 있다고 말하면서 우리도 거북이처럼 살아야 한다고 말했다.

오히려 토끼는 어리석다고 배웠다. 그런데 현대판 토끼와 거북이는 달랐다. '꼭, 싸워야 해? 나는 토끼랑 같이 갈 거야.'라는 내 생각이 현대판 토끼와 거북이로 재탄생한 것이다. 사람들은 경쟁해야만 내가 성장하고, 발전하는 성공하는 삶이라고 말한다. 서로 함께하는 발전이 진정한 발전이고, 2배로 성장하는 발전이라는 것을 모르고 있는 것 같다.

사람들은 내 편이 아닌 사람은 모두 적이라고 생각한다. 나는 나와 생각이 다른 사람, 나를 나쁘게 보는 사람은 모두 다른 사람이 아닌 나쁜 사람이라고 생각했다. 『프레임』책을 읽고, 나에게는 나만의 프레임이 있고, 사람마다 그 프레임이 다르다는 것, 모든 사람은 같을 수 없다는 것을 알게 되었다. 다른 사람과 내가 다름을 인정하니까 인간관계가 편안해졌다. 우리는 살면서 지금까지 배웠던 상식과 개념들을 모두 잊어야 한다. 현실과 우리의 마음은 거꾸로 작용한다.

우리는 거꾸로 생각하는 법을 배워야 한다. 꼭 하나여야 한다는 생각을 버리고, 꼭 그 위치에만 있어야 한다는 생각, 안 된다는 생각을 버려야 한다. 우리의 주변에는 거꾸로 생각해서 발명된 것이 너무나 많다. 일상적으로 생각해서 만들어진 것은 거의 없다. 거꾸로 생각해야지만 삶이 바뀐다. 나는 삶을 바꾸기 위해서는 거꾸로 생각해야 한다는 것을 배웠다. 내가 생각하는 것이 모두 정답은 아니다.

"모든 문제에는 반드시 해결책이 있다. No를 거꾸로 쓰면 전진을 의미하는 On이 된다. 모든 문제에는 반드시 문제를 풀 수 있는 열쇠가 있다. 끊임없이 생각하고, 찾아내라."

노먼 빈센트 필의 말이다.

책을 읽을 때 나는 거꾸로 하는 법을 몰랐다. 나는 책은 무조건 정독해야 한다는 생각에 처음부터 열심히 책을 읽었다. 그래서인지 책을 읽을 때마다 1장, 많으면 2장에서 포기를 했다. 대부분 책은 뒤로 갈수록 더욱 많은 것을 알려주고, 재미있는데 나는 앞에서 열심히 정독했더니 완독을 해본 적이 없었다. 책을 읽고, 거꾸로 생각하면서부터 나는 책을 처음부터 읽지 않는다. 또, 완독도 하지 않는다.

거꾸로 사는 삶은 생각보다 재미있다. 우리의 주변 환경은 우리의 삶에 큰 영향을 미친다. 주변 사람들이 갖는 삶의 태도가 우리에게 많은 영향을 준다. 이것을 바꾸기 위해서는 나의 사고방식과 태도를 살펴보고 부정적인 사고방식을 바꾸어야 한다. 신세한탄을 할 시간에 거꾸로 생각해보자.

행복을 인생의
목표로 삼아라

–

영화야, 행복이
뭐라고 생각해?

우리는 이 세상에 행복하기 위해 태어났다. 나는 지금껏 살면서 '행복' 이라는 단어에 대해 깊이 생각해본 적이 없었다. 며칠 전 엄마와 차를 타고 이동하던 중 우리가 독서하면서 많이 바뀐 것과 '행복'에 관해 이야기를 나누었다. 우리 가족이 책을 읽고 바뀐 것 중 하나는 '행복하다.'라는 말을 자주 한다는 것이다. 우리는 그 전에 행복이라는 단어를 사용해본 적도, 느껴본 적도 없었다.

엄마에게 "요즘 진짜 행복한 것 같아요. 예전에는 그냥 목구멍에서 행복했다고 말했다면 지금은 그냥 배 속 밑에서부터 행복하다고 올라오는 느낌이라고 해야 할까요? 그냥 가슴 벅차게 행복해요."라고 말한다. 그러면 엄마도 "그치. 엄마도 요즘 너무 행복해." 하며 편안한 웃음을 짓는다. 2년 전 엄마와 내가 책을 읽기 전만 해도 우리가 나눌 수 없던 말, 지을 수 없던 표정이었다.

지금 이 책을 읽고 있는 당신은 행복한가? 나는 책을 읽기 전 행복한 시간, 순간들이 있었지만, 그것이 행복인지 모르고 모든 기억을 불행했다고 생각했다. 할머니댁이 가까워서 할머니집을 자주 왕래했던 나는 어렸을 때부터 자주 혼이 났고, 딸이라는 이유로 남동생들보다 사랑을 많이 받지 못했다. 관심 받고, 사랑받고 싶었던 어린 나이. 학창시절 나의 목표는 '사랑과 관심'이었던 것 같다. 나의 목표는 '행복'이 아니었다. 학창시절부터 사랑과 관심을 원했지만, 어른들은 다양한 이유로 나의 욕구를 채워주지 못했다.

언제나 장사를 하느라 바쁜 부모님은 너희를 사랑하기 때문에 장사한다고 말했지만 나는 어린 나이에 부모님의 마음을 알지 못했다. 나는 우리 집이 아닌 밖에서 사랑과 관심을 받으려고 노력했다. '착한 아이'가 되려고 노력했고, '칭찬받는 아이'가 되려고 노력했다. 주변 어른들이 '착하다.'라고 말하면 그것이 칭찬이고, 나에게 관심이라고 생각했다. 그래서 하기 싫은 일도 묵묵히 해냈고, 나의 일이 아닌 것까지 모두 해내는 예스걸이 되어 있었다. 나는 어른들뿐만 아니라 친구들에게도 관심받고 싶었다. 초등학교, 중학교 시절 청소 시간 친구들이 걸레를 빨아달라고 하면 바쁜 와중에도 빨아주었고, 점심시간 식판에 음식을 더 받아달라고 하면 받아주었다. 하루는 친구가 음식을 3번째 받아오라고 해서 나는 "내가 2 번이나 다녀왔잖아. 내가 먹는 것도 아닌데 이번에는 네가 다녀와."라고 말했더니 친구가 "그래? 갔다 오기 싫어? 그럼 나랑 절교해."라고 말하며 화를 냈다. 나는 내가 먹을 음식도 아닌데 급식소 아주머니의 눈총을 받으며 음식을 날라야 했다.

비가 오는 날 운동장에 쓰레기를 줍는 날이면 4명이 팀이 되어 함께 해야 하는데 팀원 아이들은 모두 나보고 쓰레기를 주워오라고 했다. "팀끼리 같이 하는 거잖아. 왜 나만 해?"라고 말하면 "저기에 별로 없잖아. 한 명만 가면 되지 굳이 다 같이 가서 비 맞아야 하나? 빨리 가."라고 말했다. 학창시절 키가 작고, 덩치도 작았던 나는 덩치 큰 친구들이 무서워서 그 친구의 말을 들을 수밖에 없었다.

친구들에게 숙제를 보여주기도 하고, 부모님이 사준 예쁜 색상 볼펜을 친구들이 달라고 하면 다 주는 그런 아이였다. 내가 하고 싶은 말은 내 가슴 속에 꼭꼭 숨겨둔 채 내가 싫어도 친구들이 그러면 나에게 관심을 주니까. 내 곁에 있어주니까 나는 행복하다고 생각했다. 그런데 세상은 내 생각과 달랐다. 친구들은 나에게 필요한 것만 가져가고 나를 혼자

두었다. 초등학교 4학년, 학교에서 예절 교육을 간 적이 있다. 학교 친구들은 매일 나에게 볼펜을 가져가고, 책도 빌려가고, 평소 이야기를 잘 나누었는데 예절 교육 시간 짝을 맞춰 춤을 춰야 하는데 아무도 나와 짝을 해주지 않는 것이었다. 그때 우리 반에서 따돌림을 당하던 친구 한 명과 나, 둘이 남았다. 나는 그 친구와 하지 않겠다고 말했고 한 친구가 나를 보고 웃으며 말했다. "걔랑 왜 안 해? 왕따끼리 하면 딱 어울리네." 나는 그 말에 가슴이 두근거리고 마음이 아팠다. 내가 왕따인지 몰랐기 때문이다. 몇 명의 친구가 나를 괴롭히긴 했지만, 내 곁에서 이야기를 나누고, 나의 편이 되어준 친구들이 있었는데 그 친구들마저도 그 상황에선 나의 손길을 외면했다.

학창시절부터 관심과 사랑이 목표였던 나는 직장생활을 하면서 인정을 받겠다는 것으로 목표가 바뀌었다. '무슨 일이든 열심히 해야 한다'고 말했던 부모님에게 배워 나는 직장에 취직해서 열심히 일했고, 원장님과 선배 선생님들의 관심과 인정을 받았다. "일 잘하고 착한 선생님이라고 소문이 났다며 영화쌤이 우리 어린이집에 온 게 복이야."라고 말하던 원장님. 귀여움을 받은 나는 직장생활이 행복했다. 우리 반 아이들도 나에게만 관심을 가지며 항상 나와 함께하려고 했다. 나는 아이들의 관심이 좋았다. "선생님!"부르면서 안기고, "선생님, 오늘 귀걸이 바뀌었네요?" 하며 소소한 것 하나에도 나에게 관심을 두는 아이들이 좋았다.

그런데 언제부터인가 많아지는 업무량과 계속되는 관심이 나를 힘들게 만들었다. 관심을 받고 싶어 했던 것이 나에게 독이 될 줄 몰랐다. 우리의 인생 목표는 나 자신의 행복이 되어야 한다. 책을 읽으면서 나의 행복을 남에게서 찾으려고 하면 안 된다는 것을 알게 되었다. 그래서 나는 자기 사랑에 관한 책을 읽기 시작했다.

책을 읽고 1년쯤 지났을 때, 내가 어린이집을 다녀오면 저녁을 먹고 엄마와 가게 앞 한천을 산책했다. 엄마와 나는 산책을 하면서 매일 많은 이야기를 나누었다. 특히 엄마가 가게에 있으면서 책을 읽고 알게 된 것에 관해 이야기를 많이 해주었다. 하루는 내가 어린이집 이야기를 하면서 주변에서는 해외여행도 다니고 자유롭게 사는데 나는 그러지 못해서 부럽다고 이야기했던 적이 있다. 그날 엄마는 한천 다리를 건너며 나에게 행복이 무엇이라고 생각하는지 물었다.

"영화야, 행복이 뭐라고 생각해?"
"행복이란 좋은 느낌, 따뜻한 느낌, 즐거운 것 아닐까요?"
"엄마가 오늘 책에서 봤는데. 행복에는 행복한 것만 있는 게 아니래."
"네? 그게 무슨 말이에요?"
"요즘 사람들은 너무 막연하게 행복을 생각해. 여행 가고, 맛있는 거 먹고, 노는 것이 행복이라고 생각하고 자꾸만 그것을 쫓으려고 해. 그런데 그건 행복이 아니야. 지금 행복하지 않으니까 행복하기 위해서 자꾸 그런 것을 찾는 거야. 엄마는 내가 뭔가를 열심히 했을 때 내가 성취하고 이뤄냈을 때 우리가 힘든 일을 해내고 나면 어떤 과정을 견디면 행복이 찾아오는데 그것이 진짜 행복이라고 생각해."

나는 엄마와 이 대화를 나눈 후 힘든 상황이 오면 마음속으로 '나는 지금 행복해. 이 시련이 지나가면 나에게 더 큰 행복이 올 거야.'라고 생각했다. 예전에는 행복이 오면 지금, 이 순간이 영원할 것만 같고, 이 시간이 지나가지 않았으면 했다. 내가 힘이 들 때면 마음속으로 자주 하는 말이 있다. '이 또한 지나가리라.' 나는 이 말을 자주 사용한다. 그런데 행복하고, 즐거운 시간에도 우리는 이 말을 적용해야 한다. 요즘엔 행복한 순간이 오면 그 순간을 많이 기억해두려고 노력한다. 이 행복한 시간 또한 지나갈 테니까. 지금, 이 순간을 느끼는 것이다. 요즘엔 행복이란 세상에 더 바랄 게 없는 느낌이라고 생각한다.

나의 첫 책 『하루 한 권, 독서의 힘』에 이런 글이 있다. '시각이란, 시간의 한 시점이고 이 시점은 시간의 흐름 가운데 어느 한순간을 말한다. 우리의 시간은 매일 앞으로 가면서 순간순간을 기록한다. 우리의 인생은 기록된 시간으로 이루어져 있다.'라고. 우리는 시간 속에 살고 있다. 당신은 기록으로 이어진 이 시간을 행복으로 가득 채우고 싶은가? 불행으로 가득 채우고 싶은가?

우리의 목표는 나의 행복이다. 행복하기 위해 이 세상에 태어났고, 살고 있다. 당신이 지금 행복하지 않은 것은 세상을 살아가는 방법을 터득하지 못했기 때문이다. '세상을 살아가는 데 방법이 있다고?' 믿지 않는 사람들도 있다. 그러나 책을 읽으면 알 수 있다. 책은 인생의 선배들이 남기고 간 인생을 지혜롭게, 행복하게 살아가는 방법이 적혀있는 행복 지침서이다.

우리의 행복은 우리 안에 있고, 행복과 불행의 선택도 우리에게 달려 있다. 더 행복할 내일을 위해 나는 오늘도 책을 읽는다.

$$\bigcirc\kern-0.9em 6$$

책을 읽고
삶이 바뀌다

—

내 마음속에
울고 있는 내가 보였다.

나는 왜 책을 읽기 시작했을까? 엄마의 권유도 있었지만 내가 책을 읽기 시작한 이유는 내 삶이 행복하지 않았고, 책을 통해 삶이 바뀌기 시작했기 때문이다. 예전의 나는 가게 일을 돕던 중 매번 똑같이 하던 실수를 또 반복해서 엄마에게 자주 혼이 났다. '실수하지 말아야지.' 하면서도 자꾸만 실수했다. 어쩌면 실수를 하는 것은 당연한 일인지도 모른다. '실수하면 안 돼.'라는 말을 듣고 자라면서 나는 자꾸만 채찍질했다. 실수하지 않아도 '실수하지 않게 조심해.' 하며 나에게 눈치를 줬다.

내 마음속에 있는 또 다른 나는 매일 나에게 화를 냈다. 내가 칭찬받고 싶어서 한 일도 혼이 나면 '역시 넌 칭찬받을 자격이 없어. 어떻게 그것도 모르니? 또 실수했어?'라는 말을 퍼부었다. 나는 내가 혼날 때마다 혼나는 이유를 듣고 이해했지만 자꾸만 실수하는 나 자신을 용서할 수 없었다. 내 생각은 부정적으로 엇나갔다. '태어나지 말아야 했나?, 나는 역시 실수만 하는 사람인가?, 나는 아무 말도 하지 말고 살아야 했을까?' 라는 생각이 들었다.

한 시간을 넘게 눈물을 흘리고 있다 보면 점점 더 우울해진다. 가슴은 언제나 답답하고, 앞은 캄캄했다. 책에서 알려준 한 가지는 모든 사람은 행복하기 위해 이 지구에 태어났다는 것이다. 그런데 나는 행복하지 않았다. 그 이유는 세상을 살아가는 방법을 모르기 때문이고, 그 방법을 제대로 배우지 못했기 때문이다.

책을 읽은 후 알게 되었다. 나는 자기 사랑을 한다고 했지만 단 한 번도 진심으로 나 자신을 사랑하는 눈으로 바라보지 않았고, 부족한 사람, 더 열심히 노력해야 하는 사람이라고 생각했다. 누군가가 나에게 화를 내거나 조언을 하면 '역시 나는 안 돼. 나는 부족한 사람이야.'라는 자책에 빠져 나 자신을 원망했다.

책에서 자책은 내 생각일 뿐이고 작은 일을 크게 생각하는 나의 습관일 뿐이라고 가르쳐주었다. 나는 단 한 번도 자책하지 않은 날이 없었다는 것을 알게 된 순간 나 자신에게 너무 미안했다.

지금껏 착한 딸, 열심히 사는 사람으로 보이기 위해서 노력했으면서 왜 나를 아직도 부족한 사람이라고 생각하고, 누군가에게 칭찬받고, 인정받기 위해 노력하는지 느낄 수 있었다. 나의 마음속에는 나와 똑같이 생긴 어린 아이가 두 팔로 몸을 감싸고 앉아 울고 있었다. 내 마음속에 울고 있는 내가 보였다. '나는 지금껏 잘못 생각하고 있었구나. 사람들은 나에게 이런 행동을 하지 말라고 알려주는 것뿐이야. 너를 비난하는 것도 너를 거부하는 것도, 미워하는 것도 아니야. 다음부터 그렇게 행동하지 않으면 되는 거야.'라는 말이 들렸다.

남의 눈치를 보고, 내 마음대로 해석하고, 한 번만 지적받아도 우울해지고, 주변 사람들이 화가 나면 내 탓인 것만 같았다. 나는 자존감이 바닥이었던 사람이었다. 자존감이 낮으면 인간관계를 하는 데 많은 어려움이 있다. 남의 말에 잘 휘둘리고, 자기 자신을 비하하고, 나 자신이 쓸모없는 사람으로 여겨지기 때문이다. '나 때문인가? 나를 떠나면 어떡하지? 내가 잘못했으면 어떡하지? 내가 할 수 있을까?' 다른 사람들이 한 번의 용기를 낼 때 나는 5번의 용기가 필요했다. 그랬던 내가 다른 건 하지 않고 오로지 책만 읽고 삶이 바뀌었다. 나는 책을 읽은 후를 엄마에게 '두 번째 인생의 시작'이라고 말한다.

책을 읽은 뒤로 많이 바뀐 것은 싸움이 줄었다. 만나는 사람도 없었지만 온종일 함께 있는 엄마와도 싸울 일이 없다. 고등학생 때 나는 엄마와 자주 싸웠다. 엄마도 엄마의 프레임 안에서 나를 보았고, 나도 나만의 프레임으로 엄마를 보았다. 서로 바라는 것을 이야기하고 공감을 해주지 못했고, 문제가 무엇이 문제인지 모른 채 한번 싸우면 A에서 Z까지 갔다.

책을 읽으면서 어떤 변화가 일어났을까? A로 일어난 다툼이 10분이면 A로 끝이 났다. 예전엔 엄마가 나에게 화를 내며 말하면 나는 제일 먼저 엄마의 화난 말투와 표정을 보고 화를 냈다. A라는 문제가 중요한 것이 아니라 나에겐 엄마의 표정과 말투가 중요했다. 그러면 엄마는 나에게 똑같이 '네 표정도 똑같아.'라고 이야기했지만, 책을 읽은 후의 엄마는 "영화야, 엄마가 표정이랑 말투는 빼고 이야기하라고 했지. 지금 엄마가 영화한테 하고자 하는 말이 뭔지 생각해봐. 그리고 네가 실수한 걸 나에게 넘기려고 하지 마. 네 실수야. 실수해도 괜찮아. 그런데 네가 인정하지 않으니까 엄마가 화가 나는 거야."라고 딱 집어서 내가 잘못한 점을, 나에게 하고 싶은 말을 한다.

나는 내가 들었을 때 이해가 되고, 잘못했다는 생각이 들면 바로 사과를 한다. 학창시절부터 엄마와 크게 다투다가도 잠시 후에 혼자 생각을 하고 편지를 쓰곤 했다. 내가 잘못했으면서 엄마에게 화내고 대들었다는 것이 미안해서 "엄마, 제가 잘못했어요."라고 말하는 것이 어려웠다. 그래서 편지를 엄마가 자주 보는 곳에 놓고 가거나, 집에 도착해서 "엄마, 컴퓨터 키보드 밑에 편지 넣어놨어요."라고 전화하기도 했다. 지금은 서로 책을 많이 읽고 대화를 나누어서 서로 말을 하는 것이 어렵지 않다.

직장생활을 3년 차에 나는 책을 읽었다. 처음 직장생활 할 때에 비하면 많은 변화가 일어났다. 책을 읽기 전 나는 매일 무얼 시키든 다 하는 나였다. 힘들면 힘들다고 하지 않았고, 아프면 아프다고 하지 않았다. 하루는 몸살이 심하게 걸렸을 때였다. 아침에 일어났는데 상태가 좋지 않았다. 대학교 3학년 실습 때 교수님께서 '아파도 유치원 가서 아프고, 쓰러져도 유치원에서 쓰러져야 한다.'라는 말을 기억했고, 아빠는 평소에 '아파도 약을 먹지 말라고 말했고, 아파도 내 할 일을 해야 한다.'라고 가르쳤기에 이를 악물고 출근했다.

점심시간 후 온몸이 두들겨 맞는 것 같고 머리가 띵 했지만 참고 일을 했다. 주변 사람들이 보기에 아파 보였는지 일찍 퇴근을 시켜주었다. 나는 그날 일찍 퇴근해서 가게에 도착했다. 그리고 일찍 퇴근한 나를 보며 엄마는 "어? 오늘 일찍 왔네? 어디 아파?"라고 물었다. 평소 웬만하면 일찍 나오지 않는 나였기에 엄마는 내가 일찍 퇴근하면 아픈 줄 알고 있었다. 그날 온종일 아팠던 것이 서러웠는지 엄마의 말에 엉엉 울고 말았다. 엄마는 그런 나의 모습을 보며 "왜 울어?"라고 물었고, 나는 아이처럼 "몸이 너무 아파요." 하며 엉엉 울었다. 엄마는 그런 나의 모습을 보며 속이 상해서 화를 냈다. "아프면 병원에 가지 왜 여기서 울고 있어. 그렇게 아프면 어린이집에서 아프다고 이야기를 하지. 미련하게 그걸 지금까지 참고 일했어? 일이 중요한 게 아니야. 네 몸이 제일 소중해. 얼른 병원부터 다녀와."라고 말했다.

나는 정말 미련했다. 정말 쓰러질 정도가 되어야, 열이 펄펄 끓고, 목소리가 나오지 않을 정도가 되어야지 아프다고 말할 수 있다고 생각했다. 엄살 피우는 것은 나쁘다고 생각했다. 책을 읽으면서 알았다. 나는 정말 미련곰탱이였고, 나를 사랑하지 않았다는 것을.

책을 읽은 후부터 나에게 조금씩 빛이 보이기 시작했다. 책에서 가르쳐준 대로 행동할수록 나는 세상을 살아가는 게 재미있다고 느껴졌고, 어떻게 살아야 하는지 조금씩 깨닫게 되었다. 그렇게 독서는 나의 삶이 되었다. 내가 읽는 만큼, 행동하는 만큼 내 삶이 바뀌는 것이라는 것을 알게 된 순간부터 매일 책을 읽기 시작했다. 엄마가 독서를 통해 깨닫고 나에게 알려주는 것, 내가 독서를 통해 깨닫게 된 것을 함께 이야기 나누고 행동했더니 우리는 더욱 빠르게 성장했고, 자주 다투었던 싸움도 없어지고 이제는 어떻게 싸워야 현명하게 싸우는 것인지도 알게 되었다.

내가 꾸준히 책을 읽는 이유는 책을 읽으면서 마음이 편해지고, 내 마음의 상처를 치유하고, 긍정적으로 바뀌고, 꿈이 생긴 나의 모습을 볼 수 있기 때문이다. 책을 읽으면 읽을수록 답답했던 가슴이 뻥 뚫려 목캔디를 먹은 것처럼 속이 시원했고, 마음속 어둠이 하얀빛을 넘어서 핑크빛으로 물들었다. 가끔 어둠이 들어올 때면 심호흡으로 멀리 내쫓아버리면 된다. 나는 독서를 한 뒤로 독서를 포기할 수 없게 되었다. 제대로 말하면 독서로 삶이 바뀌기 시작하면서 독서를 포기할 수 없게 되었다.

포기하지 않고 꾸준히 책을 읽었더니 나에겐 꿈이 생기기 시작했고, 주변에 좋은 일만 생겼다. 내가 책을 읽고 사람들에게 내가 변화한 것, 성장한 것을 이야기하면 사람들은 믿지 않고, 나에게 무언가 특별한 것이 있다고 생각한다. 책을 통해 사람이 변할 수 없다고 생각하는 것 같다. 성공한 사람들이 이야기하는 것에 답이 있고, 성공한 사람들은 책에 자신의 말과 생각을 적어놓는다. 책은 성공자가 가르쳐주는 말이고, 내 인생의 힌트라는 것을 알아야 한다.

나는 많은 사람이 독서를 했으면 좋겠다. 내 주변에는 나보다 더 힘들고 아픈 사람들이 많기 때문이다. 나는 그럴 때면 마음이 아프지만 내가 책을 읽으라는 도움의 손길을 주어도 모두 거부한다. 내가 크게 성공하고 싶은 이유는 그 사람들이 지금은 내가 하는 말을 믿지 않지만 내가 성공해서 권한다면 믿고 독서할 것이라는 확신이 있기 때문이다. 더 많은 사람이 책을 읽고 행복해졌으면 좋겠다.

내가 삶을 바꾸기 위해
선택한 방법은 독서였다

–

삶이 힘든 이유는
열심히만 살고 있기 때문이다.

우리 부모님은 언제나 바쁘셨다. 치킨 가게를 운영하고 있어서 오전 11시부터 잠들기 전 12시까지 엄마는 전화를 받고 치킨과 피자를 만들고, 아빠는 배달을 다니며 쉬는 날 없이 10년을 넘게 보냈다. 나와 동생도 바빴다. 학교와 직장을 마치고 가게에 오면 저녁을 먹고 가게 일을 도왔다. 바쁜 만큼 우리 가족은 돈을 벌었지만, 책을 읽고 알게 되었다. 우리는 치킨을 팔아서 돈을 번 것이 아니라 우리 가족의 시간과 건강, 가족의 행복을 돈과 바꾸었다는 것을.

우리 가족은 삶이 바뀌기를 원했다. 엄마는 땅을 사서 집을 짓고, 아래층에는 상가를 위층에는 부모님과 우리가 함께 모여 사는 행복한 꿈을 꾸었다. 내가 고등학교 2학년이 되었을 때, 엄마와 나, 두 동생을 데리고 남산에 놀러 간 적이 있었다. 우리는 남산에 있는 정자에서 아래를 내려다보며 우리가 지금 살고 있는 집을 찾았다. "우와~ 저기, 우리 집이다." 하며 집을 찾아 웃었지만 엄마는 서글펐다고 했다. 이 많은 집들 중에서 진짜 우리 부모님의 이름으로 된 집은 한 채도 없다는 것이 마음이 아팠다고 했다. '지금껏 쉬는 날 없이 열심히 살아왔는데 왜 집 한 채 없는 것일까?'라는 서러움이 올라왔다고 했다. 그날 엄마는 정자 위에서 "나는 꼭! 내 집을 만들 거다!"라고 말했고, 현재 우리는 아빠의 공매로 집을 사서 꿈꾸었던 예쁘고 평화로운 집에서 생활하고 있다.

우리 주변에 보면 힘들 삶을 사는 사람들이 많다. 그 사람들도 자신의 삶이 바뀌었으면 한다. 그러나 대부분 바뀌지 않는 현실에 불평하고, 괴로워한다. '열심히 살고 있는 그 사람들의 삶은 변하지 않을까?' 이런 생각이 떠오를 때 책을 읽으면서 알게 되었다. 나 또한 '삶이 바뀌었으면' 하면서 실천하지 않고, 불평만 하고 있다는 사실을.

삶이 힘든 이유는 열심히만 살고 있기 때문이다. 우리 가족은 열심히만 살면 행복해지고 성공할 수 있다고 생각했다. 주변의 사람들도 그렇게 말한다. 그래서 자신이 성공하지 못한 이유를 열심히 하지 않아서 성공하지 못했다고 이야기한다. 남들보다 더 일을 많이 하고, 쉬지 않고,

열심히 하면 돈은 많이 벌 수 있지만, 행복은 나에게 찾아오지 않는다. 우리는 삶을 살아가는 방법을 모르기 때문에 힘든 것이다. 삶은 열심히 만 산다고 행복해지는 것이 아니다.

내가 있는 곳은 시골이다. 그렇다 보니 할머니, 할아버지가 많이 살고 있다. 할아버지, 할머니의 공통점은 돈이 시간보다 더 중요한 것으로 생각한다. 가끔 명절이나 공휴일에도 가게 문이 열려 있는 곳이 많다. 한 번은 배추를 사러 갔다가 "할머니 여기는 언제 쉬어요?"라고 물었더니 "우리는 안 쉬어."라고 하셨다. "그러면 힘들잖아요? 왜 안 쉬어요?"라고 묻자 "힘들지. 근데 쉬면 뭐해. 나와서 돈이나 벌지."라고 말했다. 우리 동네 시장 안의 가게는 쉬는 날이 거의 없다. 사람들이 '나'를 위한 인생 이라고 말하지만 내가 보기엔 '돈'을 벌기 위한 인생 같다. 살아가는 방법을 모르기 때문에 젊은 날엔 열심히만 살면 성공할 수 있다고 생각했고, 지금은 그 습관이 몸에 배어서 매일 똑같은 일상 속에서 돈을 벌기 위해 사는 것이다. 할머니, 할아버지는 그렇게 힘들게 열심히 살았으면서 몸에 좋은 음식, 멋지고, 예쁜 옷을 사는 것을 아까워한다. 우리는 행복을 누리기 위해 돈을 벌고 있는데 돈을 벌다 보니 돈에 쫓기는 삶이 되어버렸다.

삶을 바꾸기 위해서는 사고를 바꾸어야 한다. 사람들은 자기 자신이 어떤 사람인지 모르고, 문제가 문제인지 모른다. 우리 주변에 우리가 잘못 생각하고, 잘못 행동하고 있다고 알려주는 멘토가 있다면 우리의 인생이 이렇게 흘러왔을까? 제대로 된 부모님과 선생님을 만나지 못해서 이렇게 살고 있다고 생각하는가? 내가 직장생활을 하면서 많이 한 것은 엄마와 불평하기였다. 직장을 마치고 가게에 오면 오늘 있었던 일들을 이야기하면서 불평을 한다. 그러면 엄마도 화실에서 있었던 일, 아빠와 있었던 일, 가게에서 있었던 일들을 말하며 서로 불평을 이야기하고, 공감을 원했다. 우리 모녀는 이야기하는 것을 들어주고 같이 흉을 보는 것이 공감이라고 생각했다.

그렇게 몇 년을 지속하자 우리는 점점 불평만 더욱 늘어났고, 이제 불평을 그만 이야기했으면 좋겠다는 생각이 들었다. 중요한 것은 나는 불평을 계속 이야기하면서 상대방이 하는 말은 듣기 싫은 것이었다. 하루는 엄마가 "엄마한테 이제 그런 얘기 그만했으면 좋겠어."라고 말하기에 불평하다가 그만두었는데 며칠 뒤 엄마가 나에게 불평하는 것을 들어주어야 했다. 불평하면 불평한다고 불평했고, 이야기하는 것을 들어주지 않으면 공감해주지 않는다고 불평했다. 우리는 점점 서로에게 이상한 감정이 쌓여갔다.

몇 달 뒤 엄마가 독서를 시작했고, 나에게도 "영화야, 책 읽으니까 좋다. 영화도 읽어봐."라고 말했지만 읽지 않았다. 우리 가족은 엄마의 독서에 관심이 없었다. 엄마가 독서를 하기 시작하고 몇 달이 지나서 나는 직장을 다녀오고 평소처럼 불평을 이야기했다. 그날은 엄마가 함께 흉을 보는 것이 아니라 나의 이야기를 공감해서 들어주었고, 나의 잘못된 생각을 알려주었다. 그리고 그 선생님에게 문자를 보내라고 이야기했다. 나는 그날 저녁 내가 잘못한 것을 생각했고, 진심으로 사과와 감사를 전했다. 그랬더니 그 선생님의 행동이 다음 날부터 달라졌다. 나에게 더 잘 가르쳐주고 챙겨주는 모습이 보였다. 그날 나는 '지금껏 내가 어떻게 살아온 거지?'라는 생각이 들었고, 엄마에게 왜 평소처럼 흉을 보지 않고 나에게 그런 방법을 알려주었냐고 물었다.

엄마는 우리가 몇 년 동안 불평을 하면서 지내왔는데 지금껏 크게 변한 것이 없다고 말했다. 오히려 불평할수록 시간이 아깝다는 생각이 들고 '이게 아닌데.'라는 느낌은 들지만 공감을 어떻게 해줘야 할지, 나에게 무슨 말을 해주어야 할지 몰라서 같이 불평했다는 것이었다. 책을 읽고 깨달은 것은 사실 우리가 하는 것은 공감이라고 생각했지만, 공감이 아니라는 것이다. "그러면 공감이 뭐예요?"라고 물어보자 공감은 상대방의 이야기도 잘 들어주고, 상대방이 더 나아질 수 있도록 성장하는 것이라고 알려주었다. 조금씩 변하는 엄마의 말투와 행동을 보면서 나도 책을 읽어야겠다는 생각이 들었다.

어쩌면 엄마 말대로 '내가 삶을 살아가는 방법을 모르기 때문에 힘들게 사는 게 아닐까?' 라는 생각이 들었다. 책을 읽고 엄마가 나에게 해주는 이야기들을 들으면서 '나는 20년 동안 무엇을 배웠지?'라는 생각이 들었다. 엄마가 해주는 이야기들은 나에게 많이 공감되었고, 책을 읽어야 한다는 마음이 들었다. 엄마의 변화로 시작한 독서 호기심이 나의 삶을 180도 바꾸어놓았다.

내 생각, 사고, 행동이 긍정적으로 변했고, 만나는 사람들도 조금씩 바뀌고 있으니까. 사고를 바꾸는 방법은 성공한 사람들을 만나서 이야기 나누고, 배우는 것이 제일 좋지만, 우리에겐 그럴 시간과 여건이 없다. 그래서 성공한 사람들이 쓴 책을 읽는 것이다. 우리의 생각과 사고가 바뀌지 않으면 앞으로도 평생 살아왔던 대로 살 수밖에 없다. 책을 읽으면서 작가의 사고를 배우고, 나의 사고가 바뀌면 행동이 바뀌고, 행동이 바뀌면 삶이 변화한다.

책을 읽으면서 전에는 내가 알고 있던 '나'는 내가 아니었다. 사고를 바꾸기 위해 오랜 시간이 걸렸고, 지금도 노력하고 있다. 처음 읽을 땐 처음 시작하는 단계여서 고쳐야 할 것이 많다. 우리가 처음 헬스장에 가면 몸무게, 키, 근육량, 수분량 등 다양하게 체크하는 것처럼 책을 읽으면서 나를 체크하게 된다.

그리고 나의 삶이 어떻게 흘러가고 있는지 알게 되면 책에서 알려주는 대로, 트레이너가 알려주는 대로 행동하면 되는 것이다. 헬스장에서 체크를 끝내면 어떻게 운동을 해야 하는지, 나에게 어떤 운동이 필요한지, 어떤 음식을 먹어야 하는지 알려준다. 책도 마찬가지로 내가 어떤 습관을 지니고 있고, 어떤 행동을 잘하는지, 어떤 긍정적인 것을 가졌는지를 찾아준다. 그러면 나의 긍정적인 부분, 장점을 살려서 나의 삶을 살 수 있다.

나는 바뀌어야 한다는 문제를 찾지 못하고 남의 탓만 하고, 남이 바뀌기만 원했기 때문에 힘들게 살았다. 하지만 책을 읽으면서 남을 바꾸는 일보다 나를 바꾸는 일이 훨씬 쉽고, 행복하다는 것을 알게 되었다.

2장

하루

한 권

읽기에

도전하다

스마트폰으로
청춘을 낭비하지 마라

–

나는 독서를 시작한 뒤부터
스마트폰을 활용하는 법을 찾았다.

며칠 전 친구와 안동에서 점심을 먹기 위해 스마트폰으로 '안동 맛집'이라고 검색을 했다. 안동의 유명한 맛집 포스팅이 많이 있었다. 우리는 그중에서 먹고 싶은 곳을 골라서 가기로 했다. 길을 찾을 때도 스마트폰 지도 앱을 활용해서 헤매지 않고 찾아갈 수 있었다. 친구와 스마트폰으로 사진을 찍고, SNS에 공유하고, 메신저로 대화를 하는 등 종일 스마트폰과 함께하고 있었다.

스마트폰이 생겨난 뒤 좋은 점이 있다면 언제 어디서는 모르는 것을 검색할 수 있고, 즐길 것을 찾을 수 있다는 것이다. 지도(내비게이션)활용이 편리하고, 카카오톡이나 SNS로 세계의 여러 사람과 빠르게 소통할 수 있다. 스마트폰을 활용한 새로운 직업도 많이 생겨났다.

　스마트폰이 생기면서 좋은 점만 있을까? 주변에 보면 절제가 어려운 아이들은 게임 중독에 쉽게 걸려서 밖에 나오질 않고, 거북목 증후군, 손가락 관절염, 스마트폰 중독 등 스마트폰의 과다한 사용으로 인한 병도 생겨나고 있다. 스마트폰이 생긴 뒤 사회가 급격히 변화하면서 생활을 하는 데 대부분이 스마트폰을 활용해야 한다는 문제가 생겼다. 어떤 사람에게는 편리한 일이지만 나이가 많은 어른들에게는 스마트폰 사용이 어렵고, 자기 계획을 잘 세우지 못하는 사람은 스마트폰에 빠져 일상생활이 어렵다.

　중학생인 우리 막냇동생의 친구들을 보면 스마트폰을 보면서 위험하게 건널목을 건너고, 밤새 게임을 하다가 학교에 지각하는 등 자기 조절 능력이 떨어져서 악영향을 미치는 경우가 많다. 나 또한 스마트폰으로 삶의 재미를 쫓는 사람이었다. 인터넷 소설의 발전으로 웹소설이 생겨난 뒤 나는 스마트폰으로 밤새 웹소설과 웹툰을 봤다. 시간이 나면 SNS에 들어가서 사람들이 올려놓은 글을 보며 부러워하고, 시간을 보내기 위해 보는 것이었다. 그야말로 할 게 없어서 보는 것.

　스마트폰이 생긴 뒤로 우리는 다양한 정보 속에서 살고 있다. 언제 어디서든 궁금한 것을 찾을 수 있지만, 우리의 삶이 외부의 정보에 의해서만 좌우되고 있다. 무엇이든 스마트폰으로 검색하기 때문에 스스로 생각하고, 고민하는 시간이 없어졌다. 모르는 것을 찾아보고, 알아가는 과정은 좋지만, 생각 없이 외부의 정보에만 의존하며 사는 것은 내가 없는 삶인 것이다. 사람들은 스마트폰으로 궁금한 것을 찾고, 그것을 알아낸 후 금방 잊어버린다.

나는 내비게이션이 생긴 뒤로 모르는 길도 쉽게 찾아갈 수 있어서 좋다고 생각했다. 그런데 생각 없이 내비게이션만 따라 갔더니 2번 갔던 길도 스스로 찾아가는 것이 어려웠다. 장거리 운전이라는 핑계도 있지만 그만큼 스마트폰, 내비게이션에만 의존하면서 생활하고 있다. 음식을 할 때도 엄마가 알려준 것을 스마트폰에 적고 메모해놓았더니 음식을 할 때마다 그 메모장을 보지 않으면 어떻게 만들었는지 헷갈리고 기억이 잘 나지 않았다. 스마트폰을 자주 사용했더니 나의 기억력이 점점 나빠지는 것을 느낄 수 있었다. 운동하지 않으면 근육을 사용하지 않아서 퇴화하듯이, 우리의 뇌도 사용하지 않으면 점점 둔해진다는 것을 알아야 한다.

스마트폰으로 인한 기억력 감퇴뿐만 아니라 인간관계의 단절에도 큰 영향을 미친다. 요즘 주변을 보면 함께 있지만 함께 있지 않은 느낌의 사람들을 볼 수 있다. 연애하는 커플들도 카페에서 서로 마주보고 앉아 스마트폰으로 대화한다고 한다. 나는 그런 문화에 충격을 받았다. 스마트폰으로 대화하던 사람이 과연 인간관계를 잘할 수 있을까? 우리는 사람들과 대화를 하면서 서로를 알아간다. 그런데 대화를 스마트폰으로 하면 어떤 일이 벌어질까? 서로 얼굴을 마주보고 대화를 할 땐 조심성이 생긴다. 상대의 표정과 말투에 신경을 쓰고, 함께 눈을 맞추며 대화를 해야 유대감이 형성되고, '나의 이야기를 진심으로 듣고 있구나.'라는 생각이 든다. 스마트폰으로 대화하는 요즘 아이들을 보면 아무 말이나 툭툭 내뱉는다. 그래서 쉽게 상처받기도 하고, 쉽게 화를 낸다. 생각나는 대로 모두 써서 보내기 때문에 서로의 말에 쉽게 상처받고, 오해를 만든다.

인간과 동물의 차이점은 생각할 수 있다는 것이다. 우리는 생각을 통해 지금껏 발전해왔다. 그런데 스마트폰을 보면 TV를 보는 것과 마찬가지로 아무 생각 없이 만들어버린다. 내가 책을 읽는 이유는 책을 읽으면서 살면서 몰랐던 것을 배울 수 있고, 다양한 생각이 떠오르기 때문이다.

책을 읽으면서 진정한 '나'를 찾게 되었다. 내가 무엇을 좋아하고, 무엇을 싫어하는지, 어떤 일을 잘하고, 어떤 것을 못 하는지, 나의 삶을 되돌아보고, 앞으로 무슨 일을 해야 하는지 배울 수 있는 등 떠오르는 아이디어도 많다. 계속 생각할 수 있도록 만들어준다. 나는 독서를 시작한 뒤부터 스마트폰을 활용하는 법을 찾았다. 스마트폰을 보고 아무 생각 없이 시간을 흘려보내는 것이 아니라, 스마트폰을 활용해서 내 생각과 일상을 공유하고, 직업을 만들고, 내가 스마트폰을 통해 발전할 수 있는 것을 찾는 것이다. 요즘에는 스마트폰으로 네이버 카페, 블로그, SNS, 유튜브에 글과 영상을 올리고 있다. 다른 사람들이 올려놓은 글을 통해 동기 부여를 받고, 운동 영상을 따라 하면서 건강을 지키는 등 배우고, 실천하고, 삶을 개선하고 있다.

내가 책을 읽은 뒤 사람들에게 하고 싶은 말은 '스마트폰으로 청춘을 낭비하지 마라'는 것이다. 학생들, 20대를 보면 정말 마음이 아프다. 스마트폰을 보며 시시덕거리고 서로 대화도 하지 않는다. 하루는 막냇동생이 축구를 하고 싶어서 학교에 가고 싶어도 밖에 나오는 친구들이 없어서 못 한다고 한다. 친구들이 집 아니면 PC방에서 게임을 하느라 나오지 않는다는 것이다.

학원에 다니는 아이들, 게임을 하는 아이들, 모두 누구를 위해 사는 것일까? 자신이 왜 살고 있는지 알고 있을까? 나는 10대, 20대 때 방황하면서 속상한 일도 많았고, 힘든 일도 많았다. 힘든 상황에서 어떻게 행동해야 하고, 어떤 결정을 해야 하고, 무엇을 해야 하는지 알 수 없었기에 답답하고, 억울한 일만 자꾸 생겨났다. 주변의 친구들, 어른들에게 물었지만 해결되지 않은 문제들이 더 많았다. 10대는 게임을 하고, 공부만 하며 보내는 시간이 아니다. 20대가 되고 몇 년을 더 방황하면서 느꼈다. '아, 10대 시절은 학교에서 공부만 잘하면 되는 것이 아니라 인간관계도 배우고, 돈 관리하는 법도 배우고, 일하는 법, 자기계발 하는 법, 인생에서 정말 중요한 것이 무엇인지 깨닫는 시간이구나.'라고. 우리는 10대의 시간을 잘못 활용하고 있다.

인생에는 재미가 필요한 것이 아니라 꿈이 필요하다. 꿈을 찾아야 한다. 스마트폰으로 삶을 보내기엔 내 시간과 삶이 아깝다. 대부분의 게임 중독 아이들이 부모님께 하는 말이 있다. "나는 프로게이머가 될 거야." 게임을 많이 한다고 프로게이머가 될 수 있을까? 그것은 그냥 게임이 하고 싶다는 것이다. 게임을 하는 아이들은 자신에게 무엇이 필요한지 모른다. 내가 웹 소설을 읽고 웹 소설의 주인공이 된 것처럼 상상속에 빠져 살았듯이 그런 아이들은 게임 속 주인공이 되어 상상 속에 살고 있다. 내가 왜 살고 있는지, 앞으로 어떻게 살아야 하는지 알아야겠다는 생각이 들면 게임을 하는 손을 멈추고 책을 읽어야 한다. 젊은 10대, 20대에게, 꿈이 있는 삶이 더욱 멋진 삶이라는 것을 알게 해주고 싶다.

살면서 억울한 일을 당했을 때, 외로울 때, 괴로울 때, 심심할 때 책을 읽어보라고 이야기하고 싶다. 혼자 읽기 힘들면 도서관을 가도 되고, 서점에 가도 된다. 스마트폰이 나쁘다는 것이 아니라 우리가 스마트폰의 노예가 되어서는 안 된다는 이야기이다. 스마트폰이 일하도록 만들어야 한다. 나는 요즘 스마트폰이 나의 비서라는 생각이 든다. 전화가 오면 전화가 왔다고 알려주고, 문자, 돈 입금, 블로그, 유튜브 영상 등 나와 관련된 모든 일을 알려주는 '스비서'이다. 스마트폰이 나를 위해 일하게 만들면 더는 스마트폰의 노예가 되지 않는다. 스마트폰을 하고도 짜증이 나고 우울한 감정이 드는 것이 아니라, '오늘도 일을 이만큼 했네?'라는 생각에 뿌듯하다.

스마트폰으로 청춘을 낭비하지 마라. 스마트폰을 잘 활용하고 싶다면 지금부터 책 한 권을 펼쳐놓고, 좋은 문구를 sns에 공유해보자. 한 단어라도 좋다. 그렇게 나의 이야기가 만들어지고, 스마트폰이 나를 위해 일하게 되는 법을 터득할 수 있다.

$$2$$

인생이 꼬일수록
책을 읽어야 한다

–

우리는 사회에 나가서 실수하면서도 칭찬을 듣고 싶고,
나를 공감해주었으면 한다.

나는 고민이 있거나, 화가 날 때, 우울할 때면 책을 읽는다. 책을 읽기 전에는 이런 부정적인 감정을 느낄 때 내 생각만 믿고 행동했다. 떠오르는 생각은 점점 부정적인 생각으로 물들었고, 나의 기분도 나빠졌다. 그래서 가벼운 일도 자꾸만 커졌고, 사소한 일로 다투는 일이 많아졌다.

고민이 없는 사람은 없을 것이고, 고민만 해서는 해결되지 않는다는 것을 알 수 있다. 어린이집 직장생활을 하면서 힘들 때면 나는 아직 어리고, 사회에 처음 나간 것이었기 때문이라고 생각했다. 할 줄 아는 것은 일하는 것과 아이들과 노는 것. 어린이집을 그만두고 책을 2년간 읽으면서 깨달았다. 20대의 젊은 청춘들은 학교에서 배운 대로 할 수 없다는 것을, 삶은 학교에서 배운 교과서대로 흘러가지 않는다는 것을.

10대 때 직장생활이라는 것은 꿈의 그리던 상상 속 생활이었지 현실 세계가 아니었다. 10대에 아르바이트도 해보고, 부모님의 일을 도우면서 '이 세상엔 쉬운 일이 없구나'를 느끼고, 많은 것을 경험하면서 나에게 맞는 일을 찾아야 한다. 그런데 대부분 10대는 스마트폰 게임, 친구들과 장난을 치고, 학교 공부만 하면서 보낸다. 보통 일하는 학생들은 거의 없다. 나와 내 동생은 학창시절부터 부모님의 가게 일을 도왔다. 우리 주변에도 부모님이 자영업을 하는 친구들이 있었지만, 우리처럼 부모님을 도와드리는 일은 없었다.

나와 동생은 우리 부모님이 이상하다고 생각했다. '다른 친구들 부모님은 일도 안 시키고 해줄 거 다 해주는데, 왜 우리 부모님은 자꾸 일을 시킬까?' 불만이 가득했다. 엄마는 항상 우리에게 어렸을 적 이야기를 하셨다. 엄마는 외할아버지가 너무 예뻐서 일을 안 시켰더니 게으른 것만 배웠다고 하면서 우리는 가게 일을 도우며 부모님이 어떻게 일을 하는지 배우고, 나중에 직장생활을 했을 때 어떻게 일을 해야 하는지 직접 배우라고 말해주었다.

나는 엄마의 말에도 부정적으로 생각하고, 우리가 가게 일을 돕게 하기 위해서 그렇게 말한다고 생각했다. 그러나 직장생활을 하면서 제일 먼저 느꼈다. 나처럼 열심히 일하는 사람이 드물었다. 부모님의 일을 돕거나, 학창시절 다양한 아르바이트를 했던 사람들은 확실히 부모님이 해주는 것만 받고 살아온 사람들과 일하는 법이 달랐다. 대학 시절 어린이집 실습을 하러 갔을 때, 버스에서 아이들을 내려주려다가 아이가 넘어질 뻔한 상황이 있었다.

다행히 아이가 다치지 않았지만, 위험한 상황이어서 나도 놀랐다. 앞에서 운전하던 이사장님께서 나에게 버럭 화를 내셨다. 혼이 나고 버스에서 내려오자 옆에 계시던 선생님이 괜찮냐고 물어보셨다. 나는 가게 일을 도우면서 아빠에게 많이 혼이 났다고 이야기하며 괜찮다는 표시를 했다. 꼼꼼하고 예민한 성격인 아빠는 일할 때만큼은 실수하면 화를 많이 내셨는데 그게 익숙해져서인지 이사장님이 한 말에 크게 억울하거나 화가 나지 않았다. 내가 잘못한 것이 맞으니까. 주변 선생님은 내가 상처를 받았을까 봐 많이 걱정했다. 여기 있는 선생님들은 모두 한 번씩 이사장님께 혼이 나서 울었다고 이야기해서 웃었던 적이 있다.

우리는 사회에 나가서 실수하면서도 칭찬을 듣고 싶어 하고, 나를 공감해주었으면 한다. 세상은 내 마음대로 흘러가지 않는다. 실수하면 혼이 나고, 쓴소리도 들을 줄 알아야 한다는 것을 배웠다. 나는 지금도 잘

되지 않지만 책을 읽고 엄마에게 배우면서 많이 나아졌다. 혼이 날 때면 뽀로통한 얼굴로 온종일 말도 안 했는데 그럴 때면 엄마가 항상 "너희는 왜 항상 좋은 소리만 듣고 싶어 해? 실수했으면 꾸지람도 듣고, 모르는 게 있어서 가르쳐주면 '아~ 내가 이걸 못 하는구나! 나에게 이런 것을 가르쳐주려는 구나.'라고 생각할 수도 있지. 잘못했으면서 화를 내고, 말도 안 하고, 그러면 나로서는 더 말 안 하고, 안 가르쳐주고 싶지."라고 말했다. 나는 "그러면 엄마도 좋게 이야기할 수도 있지. 왜 화내고, 그렇게 말해요. 그러니까 기분이 나쁘죠."라고 말했다. 엄마는 "내가 몇 번을 이야기했는데, 똑같은 상황이 반복되니까 화가 나겠지? 그리고 항상 엄마가 이야기하잖아. 그 사람의 표정이나 말투에 신경 쓰지 말고, 그 말 안에서 그 사람이 무슨 말을 하려는지 찾으라고. 이건 말싸움으로 이어지는 거밖에 안 돼. 내가 무슨 말을 하려는지를 찾아야지. 이러면 아무것도 해결되지 않아."라고 말했다.

사회생활을 할 때도 나는 해결되지 않은 문제들로 자주 혼이 났다. 표정 관리, 감정 관리를 해야 한다는 말을 많이 들었다. 사회생활을 하다 보면 부모님에게 듣는 말보다 남에게 듣는 말이 더욱 상처가 될 때도 있다. 부모님은 우리가 잘되길 바라는 마음에 걱정하고, 꾸지람한다. 잔소리라고 느낄 때도 있지만 이것이 진짜 우리에게 도움이 되길 바라는 마음에 하는 걱정이라는 것을 알고 있다. 사회에서는 우리를 걱정하고, 잘못된 점을 가르쳐준다고 하지만 크게 꾸지람을 들으면 속상하고, 억울하다. 왜냐하면 나에게 꾸지람을 하는 사람도 자신의 감정을 컨트롤하지 못하는데 나에게 하라고 이야기하기 때문이다. 과연 우리 부모님처럼 나를 생각해서 화를 내는 것일까? 아무 이유 없이 자신의 감정에 휩싸여 화를 내는 날도 있다. 직장인은 상사의 감정 쓰레기통이 된다. 학부모님께 혼나고, 원장님께 혼나고, 선배들에게 혼이 나면 그야말로 자존감이 바닥으로 떨어지고, '내가 과연 앞으로 아이들을 볼 수 있을까?' 라는 생각마저 든다.

나는 책을 읽으면서 우리는 이런 이야기에 상처받을 필요가 없다는 것을 깨달았다. 내가 진심으로 받아들일 것은 받아들이고, 나에게 그냥 상처가 되는 말들은 흘려버려야 한다. 그것을 진심으로 담으면 사소한 일도 꼬여서 큰일이 되어버린다. 그리고 '아, 나에게 이런 습관이 있구나. 다음부턴 좋게 웃어 넘겨보자.'라는 생각을 하면 기분 나쁜 감정에서 빨리 헤어나올 수 있다. 『아들러식 대화법』책을 읽으면서 나는 어떤 대화법을 사용하고, 인간관계를 어떻게 형성해왔는지 알 수 있었다.

이 책은 낯을 가리는 편이라고 생각하는 사람, 대화에 서투르다고 생각하는 사람, 자신을 표현하는 데에 자신이 없는 사람, 미움 받는 것이 두려워서 해야 할 말을 못 하는 사람, 인간관계를 원만하게 유지하고 싶은 사람, 툭하면 상대방과 말다툼을 하는 사람, 자기 생각을 정확하게 전달하지 못해서 매번 후회하는 사람, 말하기 거북한 상대가 있는 사람, 다른 사람에게 적절한 충고나 조언을 할 수 없는 사람에게 추천한다고 적혀 있다.

인생이 꼬이는 이유는 인간관계가 힘들기 때문이다. 나는 제일 처음 독서를 시작했을 때 인간관계에 관련된 책을 많이 읽었다. 2년 전 막 독서를 시작했을 때 읽었던 『데일카네기 인간관계론』은 나에게 많은 도움이 되었다. 그 뒤로 『여성을 위한 데일카네기』를 읽고 주변의 여성들에게 추천해주기도 했다.

인생이 꼬였다는 것은 인생의 미로에서 헤매고 있다는 것이다. 미로에서 나갈 방법을 찾아야 한다. 길을 모른 채 나만의 생각으로 이쪽저쪽 다니다 보면 지쳐 쓰러지게 된다. 그리고 점점 나갈 수 없다는 생각에 불안해진다. 인생은 정글 속을 다니는 것과 같다. 언제 어디서 위험이 나타날지 모른다. 크고 작은 위험들이 다가온다. 정글에서 살아남는 방법을 알고, 적절히 대응하다 보면 성장하고, 원하는 삶을 사는 자신을 발견할 수 있다. 그러나 대부분 작은 위험 앞에서 당황하고 뒷걸음질 친다. 이럴 때 필요한 것은 정글을 살아가는 지침서이다. '독서'인 것이다. 갈수록 책을 읽는 사람들이 줄어들지만, 우리가 책을 읽어야 한다. 그 이유는 삶이 개선되기를 꿈꾸지만 그 방법을 모르기 때문이다. 병아리가 알을 깨고 나왔을 때 '병아리가 세상 밖에 나왔어.'라고 말한다. 그것은 병아리가 태어난 것이다. 병아리가 세상 밖에 나온 것은 알에서 벗어나 자신의 힘으로 땅 위를 걸었을 때이다.

우리는 세상에 태어난 것이다. 아직 알껍데기 위에서 세상 밖에 나가기를 두려워하고 있다. 한 발을 내디뎠다가 작은 돌멩이를 만나 다시 발을 알껍데기 속으로 집어넣는 것을 반복한다. 돌멩이가 있으면 돌멩이를 피해 나오면 된다. 우리는 다른 곳으로 나와야 한다는 방법을 알지 못해서 세상에 태어난 존재로만 있는 것이다. 나가고 싶지만 답답하고, 못 나온다고 재촉하는 어미 닭에게 혼이 나고 만다. 병아리는 세상이 무서운데, 어떻게 나가야 할지 모르는데 억울하기만 하다. 알 속으로 다시 들어가고 싶다는 생각만 가득하다. 그러나 병아리는 이 세상에 태어났다. 다시 알이 될 수는 없는 것이다. 태어났다면 알껍데기를 벗어나서 넓고 멋진 세상이 있다는 것을 느껴야 한다.

우리의 삶이 매일 꼬이고, 되는 게 없고, 아프고, 불안한 이유는 사고가 바뀌지 않기 때문이다. 책을 읽을수록 세상은 더 넓게 펼쳐질 것이다.

$$3$$

'책 읽을 시간이 없다'는 것은
핑계이다

—

당신의 삶인데 당신의 시간을
왜 만들지 못하는가?

첫 책 『하루 한 권, 독서의 힘』책이 출간되고, 가게에 오는 손님이나 주변 지인들로부터 "저녁 8시까지 장사하면서 어떻게 책도 보고 글을 썼어요? 책 쓸 시간이 있어요?"라는 말을 많이 들었다. 엄마와 나는 사람들에게 "책 읽을 수 없다는 것은 핑계예요. 사실 우리가 시간을 만들면 얼마든지 만들 수 있어요. 바쁘다면서 밖에 나가서 밥 먹고, 커피 마시고, 스마트폰 보고 할 거 다 하잖아요. 그런 자투리 시간만 알차게 사용해도 충분히 책 읽을 시간이 있어요. 우리는 장사하면서 시간만 나면 책을 보고, 글 쓰고 있어요."라고 말한다. 그러면 사람들이 "그렇죠? 맞아요. 사실 책을 보는 게 참 쉽지가 않아요."라고 인정한다. '책 읽을 시간이 없다.'는 것은 내가 하는 일(의미 없이 보내는 일)들이 책을 읽는 것보다 가치 있고, 재미있다고 생각하기 때문이다. '책을 읽고 싶지 않다'는 뜻이다. 내가 처음 책을 읽기 시작했을 때 직장생활도 하고, 부모님의 가게를 도우며 오전, 오후를 보냈다. 나는 엄마에게 "나 책 읽을 시간 없어요. 아침에 7시에 일어나서 어린이집 출근하고, 6시에 마쳐서 가게 오면 밥 먹고, 가게 도와주고 11시 늦으면 12시에 퇴근해서 집에 가서 잠자고. 얼마나 피곤한 줄 알아요?" 말했다. 엄마는 "엄마도 영화가 얼마나 바쁜지 알지. 직장생활하고 가게 도와주는 게 힘들지…. 그래도 저녁 먹고, 조용할 때는 스마트폰 보고 딴 거 하잖아. 엄마는 그런 시간에 책을 읽으라는 거야. 일부러 시간을 내서 읽으려면 쉽지가 않으니까 의미 없는 것으로 시간을 허비하지 말고, 그럴 시간에 책을 읽으라는 거지."라고 말했다. 순간 뜨끔할 수밖에 없었다.

사실 책을 읽고 싶지 않았다. 가끔 어린이집 서류가 많은 날에는 가게 일을 도우며 짬짬이 서류도 해야 했다. 하루에 얼마 없는 나의 시간을 책을 읽는 데 보내고 싶지 않았다. 내가 하고 싶은 것을 하고, 즐길 수 있는 나만의 시간이 필요했다. 책을 보는 것보다 나에겐 스마트폰을 보며 카카오톡, 페이스북 하는 것이 더 재미있었다.

책을 읽고, 책의 중요성을 알게 된 이후로 나의 시간을 헛되이 보내지 않으려고 노력하고 있다. 칼국수 가게를 운영하고 있어서 저녁 8시에 퇴근해서 씻고, 이것저것 준비하다 보면 금세 10시이다. 잠을 자려니 내가 오늘 계획했던 것을 다 하지 못해서 아쉬울 때가 하루이틀이 아니다. 그러다 보니 가게에서 최대한 알차게 보내려고 한다. 아침에 가게 준비를 마치고 시간이 남으면 책을 보거나 카페 활동을 하고, 점심시간을 끝내고 밥을 먹은 후 저녁 시간 전까지 책을 읽고, 원고를 작성하고, 블로그, 유튜브 촬영&편집 등 많은 것을 하려고 한다. 집에 가서 씻고, 스트레칭을 하고, 책을 읽고, 필사, 카페 관리, 감사 일기를 쓰는 것이 나의 하루 계획이다.

가끔 계획하지 않은 일들이 일어날 때가 있다. 지인이 놀러 오거나, 물건을 사러 가야 하거나, 누군가를 만나러 가야 할 때면 나의 시간이 순식간에 달아난다. 저녁에 퇴근하면 '내가 오늘 뭐 했지?'라는 생각에 오늘 하지 못한 일을 생각하며 아쉬워하기도 한다. 유대인은 약속하지 않고 자신의 집에 놀러 오면 쫓아낸다고 한다. 그만큼 자신의 시간을 소중하게 여긴다. 나의 주변 사람들을 보면 자신의 시간이 유한한 것처럼 누군가가 함께 쇼핑 가자고 하면 쇼핑을 하고, 전화로 불평불만 하는 것을 들어주고, 카페에 가서 온종일 다른 사람의 뒷이야기를 하면서 시간을 할애한다. 시간이 없다는 말은 핑계이다. 시간은 내가 만들어내는 것이다. 내 인생의 주인은 누구일까? 바로 당신이다. 당신의 삶인데 당신의 시간을 왜 만들지 못하는가?

사람들은 시간이 없다고 말하면서 시간을 유익하게 보내려고 하지 않는다. 매일 바쁘다고 시간이 없다고 하면서 똑같이 생활하고 있다. 나는 호아킴 포사다의 『마시멜로 이야기』를 좋아한다. 이 책을 읽으면서 '마시멜로'는 달콤한 사탕을 말하는 것뿐만 아니라 우리 인생에서 이겨내기 힘든 달콤한 유혹 거리라고 생각한다. 아침에 늦잠 자기, 서류 늦게 하기, 운동하지 않기, 인스턴트 음식 먹기 등 다양한 유혹 거리가 우리 일상에 수없이 나타난다. 대부분의 사람은 유혹을 이겨내지 못하고 마시멜로는 보이는 대로 먹어치우고 있다. 과연 사람들은 자신이 마시멜로를 먹고 있다고 생각할까? 자기 합리화를 하면서 자신이 마시멜로를 먹고 있다고 생각하지 않을 것이다. 어쩌면 먹고 있다는 것을 알면서도 모른 척할 수도 있다.

사람들은 독서의 중요성을 알고 있지만 실천하지 않고 있다. 시간이 갈수록 게을러지는 것이 독서라고 한다. '시간이 없어서요, 독서해야 하는데 너무 힘드네요.' 무엇이든지 처음 시작해서 쉬운 것은 없다. 독서도 연습이 필요하고, 습관이 필요하다. 사람들은 독서를 그냥 책 읽는 것으로 생각한다. 그래서 많은 사람이 포기하는 것이다. 독서는 그냥 취미가 아니다. 명사들을 보면 알 수 있다. 그들은 책을 취미로 읽는 것이 아니라 자신의 삶을 변화시키고, 세계를 발전시키기 위해 독서라는 '일'을 하는 것이다.

삶을 개선하기 위해 독서를 하려면 독서 습관을 만들어야 한다. 독서 습관을 만들지 않고서는 제대로 된 독서를 할 수 없다. 독서가 어렵고, 독서를 해도 삶이 바뀌지 않기 때문에 책을 한두 권 읽고 포기하는 것이다. 제일 먼저 독서 습관을 만들기 위해서는 내가 하루에 자투리 시간이 얼마나 있는지 알아야 한다. 내가 사용한 방법은 내가 어떤 행동을 했을 때마다 시간을 보고, 노트에 적었다. 그리고 하루를 마감할 때 내가 의미 없이 보낸 시간을 점검하는 것이다.

하루만 점검하는 것보다 일주일 최소 3일을 하는 것이 좋다. 적는 것이 힘들다면 어떤 행동을 할 때마다 스마트폰으로 사진을 찍어놓자. 나는 스노우 앱을 주로 사용하는데 인증 사진을 남길 수 있다. 무엇을 몇 시에 했는지 남길 수 있어서 노트에 적을 수 없을 때는 인증 사진 프레임을 사용해서 사진을 찍어놓았다. 시계를 보지 않으면 내가 무엇을 얼마나 했는지 알 수 없다. '생각보다 별로 안 된 것 같은데.'라고 생각하고 시계를 보면 시간은 금방 흘러가 있다. 지나가 버린 시간은 다시 되돌아오지 않는다.

"그대는 인생을 사랑하는가? 그렇다면 시간을 낭비하지 말라. 왜냐하면, 시간은 인생을 구성하는 재료니까. 똑같이 출발하였는데, 세월이 지난 뒤에 보면 어떤 사람은 뛰어나고 어떤 사람은 낙오자가 되어 있다. 이

두 사람의 거리는 좀처럼 접근할 수 없는 것이 되어버렸다. 이것은 하루하루 주어진 시간을 잘 이용했느냐, 이용하지 않고 허송세월하였느냐에 달려 있다."

벤자민 프랭클린의 이 말은 나의 인생을 되돌아보게 만든다. 나는 나의 인생을 사랑한다. 사춘기 시절 나는 기억나지 않지만, 엄마에게 나를 왜 낳았냐고, 나는 이 세상에 태어나고 싶지 않았다고 울부짖었다고 한다. 나의 인생에 목표가 없었고, 삶의 의미를 몰랐기 때문에 나와 엄마에게 상처를 주었다. 시간은 지금의 나를 만들어준 소중한 추억이다. 시간이란 우리의 추억이 쌓여서 만들어진다. 지금의 내가 있는 이유는 힘들었던 과거, 행복했던 시절, 눈물 흘렸던, 친구들과의 기억, 가족들과의 추억이 쌓여 지금의 내가 있는 것이다. 추억이 없는 사람은 없다.

동화 『한밤중 달빛식당』 책을 읽고 나는 많은 생각을 했다. 어린이집 교사 일을 하면서 동화책을 많이 읽었는데 이 책은 지인께서 막냇동생에게 추천해준 책이었다. 나는 동화책을 읽고 느끼고 배우는 것이 많았기에 막내에게 추천해주는 책을 같이 읽어보았다. 이 책은 여우가 운영하는 식당에 가서 자신이 지우고 싶은 기억을 식당의 음식과 바꾸는 것이다. 나는 나에게 있던 지우고 싶었던 기억들을 맛있는 음식과 바꾸어 준다기에 '세상에 이런 식당이 있다면 얼마나 좋을까?'라고 생각했지만, 곧 책의 뒤 페이지를 읽으면서 나쁜 기억이든 좋은 기억이든 모두 우리에게 소중한 것이라는 것을 깨닫게 되었다.

가끔 자기계발서를 읽으면 '과거의 나를 사랑하라. 그때가 있었기에 지금이 있다.'라는 문구의 글을 많이 본다. 그런 글을 읽을 때도 나는 '그래도 잊고 싶은 건 마찬가지인걸.' 하고 생각했다. 그 힘들었던 시간이 나에게 좋은 추억이라는 것이 이해되지 않았다. 나에게 해를 끼쳤던 사람들은 나의 기억 속에서 모두 나쁜 사람이었다. 이 작은 동화책은 20살이 넘은 나에게 시간과 추억이 소중한 것이라고 다시 생각하게 만들어준 책이었다.

당신의 삶을 사랑한다면 행복해지고 싶다면 '책을 읽을 시간이 없다'고 말하지 않을 것이다. 독서란 책을 읽는 행위가 아니라 나의 삶을 행복하게 만들어주는 것이라고 생각한다. 몰랐던 부분을 책을 읽고 깨닫게 되어서 답답함이 사라지고, 나를 치유할 수 있고, 삶을 개선시킬 수 있다. 책을 읽는 것은 누구나 할 수 있다. 성공한 사람과 실패한 사람의 차이점을 보면 항상 '독서'가 있다. 누군가는 독서를 통해 삶을 개선하고 성공하는 것이고, 누군가는 시간이 없다는 핑계로 현재의 삶에 불평하면서, 어쩌면 주변 사람들과 비교하며 현재에 안주하며 살 것이다.

하루 한 권
읽기에 도전하다

—

'매일 책을 읽는데 왜 내 삶은 안 바뀌지?'
책을 읽고도 1년 동안 나에게 크게 변화된 삶은 없었다.

하루 한 권 책 읽기를 통해 나의 삶은 어떻게 바뀌었을까? 나는 책을 읽으면서 '나' 자신에 대해 많이 알게 되었고, 세상이 넓다는 것을 실감할 수 있었다. 독서를 시작할 때 나는 평범한 어린이집 교사였고, 부모님의 치킨 가게를 돕던 딸이었다. 매일 불평불만이 가득하고, 힘든 삶을 원망하던 25살 여자 직장인. 그러다가 엄마의 권유로 독서를 시작하게 되었고, 2년 동안 독서를 하면서 많이 달라졌다.

지금은 엄마와 칼국수 가게를 운영하면서, 네이버 카페 '하루한권독서 연구소'를 운영하는 작가가 되었다. 세상이 어둠이라고 생각했던 평범한 20대 여자 직장인이 어떻게 책만 읽고 삶이 달라질 수 있었을까?

하루 한 권 독서라고 했지만 처음 독서를 시작했을 땐 책만 펼치면 잠이 들어서 한 달에 한 권을 읽었다. 책을 읽는 것이 나에겐 너무 힘든 일이어서 독서를 포기한 적도 몇 번 있었다. 엄마가 좋다고 해서, 마음이 편안해져서, 심심해서, 나에게 도움이 될 것 같아서 다양한 이유로 다시 시작했지만 제일 와닿았던 것은 뭔가 할 거리가 없다는 것과 엄마의 꾸준한 권유 덕분이었다. 처음엔 무작정 '책을 많이 읽으면 바뀌겠지.'라는 생각이 들었다. 책만 많이 보았더니 박학다식한 바보가 되어 있었다. 책만 많이 읽으면 그 분야에서 최고가 될 수 있다고 생각했다. 그런데 내 생각과 다르게 책을 읽는다고 해서 똑똑해지는 것도, 나의 삶이 달라지는 것도 아니었다. 그냥 매일 책을 읽는 책순이일 뿐이었다.

'매일 책을 읽는데 왜 내 삶은 안 바뀌지?' 책을 읽고도 1년 동안 나에게 크게 변화된 삶은 없었다. 그 이유는 책을 읽으면서 실천해야 하는 것을 알았지만 책만 읽고 덮었지 행동을 하지는 않았기 때문이다. 책만 읽어서는 나의 삶이 바뀌는 것이 하나도 없다. 내가 살을 빼기 위해서 『다이어트 불변의 법칙』이라는 책을 읽은 적이 있다. 그 책에서는 건강하게 살을 빼고 유지하기 위해서는 오후 12시까지 금식해야 하고, 육식과 유제품을 먹지 않으며, 저녁 6시 이후에는 금식해야 한다고 알려주었다. 나는 그 책에 있는 내용만 읽고도 살이 빠질까? 아니다. 그 책에서 말하는 것을 행동으로 실천해야지만 살을 뺄 수 있다. 나처럼 사람들은 책만 읽으면 자신의 삶이 바뀔 거라고 생각한다. 책을 읽을 때는 눈에서 머리, 머리에서 몸으로 움직여야 한다. 모든 책을 읽을 때, 한 가지를 보면 머리로 생각하고, 몸으로 행동해야 한다. 100만 권을 읽어도 실천하지 않는다면 당신의 삶은 변하지 않는다.

나는 매년 새해에는 새로운 다짐을 한다. 다이어트 하기, 다이어리 쓰기, 책 200권 읽기, 천만 원 모으기 등. 새로운 다짐을 하고 처음 몇 달은 꿈과 목표가 있기에 활기찬 나의 모습을 발견할 수 있다. 매일 아침 일찍 일어나서 한천에 달리기하러 가고, 개운하게 하루를 시작하며 건강을 유지한다. 그렇게 이틀, 3일, 일주일이 지나면 점점 나태해진다.

2년 전 처음 독서를 시작했을 땐 인기 있던 베스트셀러를 많이 읽었다. 온라인 서점, 오프라인 서점에서 마음에 드는 책, 나에게 추천해주는 책을 자주 사서 읽었다. 그때 나의 눈에 들어온 것은 사사키 후미오의 『나는 습관을 조금 바꾸기로 했다』였다. 내가 새해 목표를 이루고 평소의 다짐을 자꾸 포기하는 것은 나의 습관에 있다는 생각이 들어서 습관을 고쳐보기로 했다. 제목도 아주 마음에 들었다.

대부분 책은 '무조건 습관을 고쳐야 한다'고 강하게 이야기하는데 이 책은 습관을 조금만 바꾸면 된다고 말해서 마음이 편안해졌다.

'재능은 주어지는 것이 아니라 꾸준히 습관을 들여 만들어가는 것'이라고 사사키 후미오는 말한다. 나는 이 말에 습관만 잘 들이면 무엇이든 할 수 있을 것 같다는 생각이 들었다. 생각해보면 천재들도 타고난 재능도 있지만, 열정을 다해서 노력하지 않았다면 유명해질 수 없고, 결과물을 만들어낼 수 없었을 것이다. '천재는 1%의 재능과 99%의 노력으로 만들어진다.'라는 말도 있다. 그만큼 노력하는 것이 중요하지만 우리는 99%를 꾸준히 노력할 수 있는 끈기도, 힘도 없다. 어떻게 하면 꾸준히 노력할 수 있을까? 바로 습관이다. 습관의 무의식적으로 하는 행동이기 때문에 습관만 잘 들이면 성공한다는 글을 본 적이 있다. 무의식적으로 하는 행동이 모두 성공하는 습관이라면 그 사람은 성공할 수밖에 없을 것이다.

이 책을 읽으면서 나는 습관을 고치는 방법에 대해 알아보고, 나의 새해 목표를 어떻게 정해야 하는지 어떻게 습관화해야 하는지 생각해보았다. 제일 먼저 습관을 만들기 위해서는 나에게 어떤 습관이 있는지 알아야 한다. 그리고 습관을 바꾸기 위해 행동 루틴을 살펴야 하고, 내가 만들고 싶은 습관을 정해야 한다. 그리고 어떤 행동 루틴을 만드는 것이다. 만약 내가 책을 읽는 습관을 들이고 싶은데 잘되지 않는다면 책상에 앉을 때마다 책을 꺼내는 습관을 들이는 것이다. 평소에 나는 서서 일하는 경우가 많아서 앉아 있을 때가 쉬는 시간이다. 나는 앉아 있을 때마다 스마트폰을 보는 습관이 있었는데 이 행동 루틴을 바꿔서 앉으면 책을 꺼내도록 습관을 만드는 것이다. 21일만 꾸준히 한다면 이 행동은 습관으로 바뀔 가능성이 크다.

두 번째는 목표를 쪼개서 행동하는 것이다. 나는 매년 했던 새해 다짐 중에서 이루어본 것은 1,000만 원 모으기, 책 200권 읽기였다. 나는 왜 1,000만 원 모으기와 책 200권 읽기는 꾸준히 했는지 궁금해지기 시작했다. 고민한 끝에 알게 된 것이 있다. 목표를 나누는 것이다. 나는 무언가를 할 때 계획을 하지 않고 즉흥적으로 하는 성격이라 포기하는 일이 많았다. 그런데 월 1,000만 원 모으기를 할 땐 은행에 가서 "1년에 1,000만 원을 모으려면 한 달에 84만 원을 매달 입금하시면 됩니다."라는 말을 듣고, '1년에 1,000만 원 모으려면 한 달에 84만 원만 입금하면 된다고?' 1,000만 원 모으는 것이 큰돈이라고 생각했던 20대 초반, 한 달에 84만 원은 매달 입금할 수 있겠다는 생각이 들었다.

그렇게 첫 직장에 들어가서 1년 동안 1,000만 원을 모을 수 있었다. 나는 내가 살면서 일 년에 1,000만 원을 모았다는 것이 믿기지 않았고, 뿌듯했다. 직장생활 첫 시작부터 매년 1,000만 원, 1,500만 원 이런 식으로 돈을 모았더니 돈을 크게 모으는 법을 배울 수 있었고, 돈을 모을 때 목표를 정해서 계획을 쪼개는 방법을 터득했다.

200권 책 읽기도 마찬가지였다. 처음 독서를 시작했을 때, 엄마가 1년에 50권 읽기, 100권 읽기 이런 식으로 목표를 정하고 독서를 시작하면 좋다고 말하기에 나는 1년에 50권 읽기를 시작했다. 1년에 50권 읽기는 한 달에 4권 일주일에 한 권만 읽으면 되었다. 내가 하루에 몇 쪽을 봐야 하는지 알 수 있으니 나는 무조건 많이, 보고 싶을 때만 보는 것이 아니라 꾸준히 책을 볼 수 있게 되었다. 그렇게 독서를 시작하면서 작년에는 1년에 200권 읽기를 목표로 삼았다. 1년에 50권을 하다 보니 일주일에 한 권은 나에게 너무 작았다. 일주일에 3~4권은 읽는다고 생각이 들었다. 1년에 200권을 읽기 위해서는 한 달에 16권, 일주일에 4권씩 읽으면 되었다. 나에게 딱 정당한 독서량이었다.

나는 엄마와 칼국수 가게를 시작하면서 점심시간이 지나면 온종일 가게에 앉아서 독서를 한다. 시간만 나면 독서를 했더니 독서량이 일반 사람들보다 많았고, 목표인 일주일 4권도 넘길 때가 있었다. 나중엔 하루에 한 권을 읽어보자는 생각이 들었다. 엄마와 나는 왜 이렇게까지 독서를 했을까? 주변 사람들이 가게에서 책을 읽는 모습을 보면서 "책이 재미있어요? 그만 봐요. 뭐 그렇게 재미없게 살아. 나가서 놀아요."라고 말하는 사람들도 있었고, "책을 너무 많이 보면 머리가 이상해진다는데."라고 걱정하는 사람도 있었다. 하지만 나는 책을 읽으면서 나의 표정이 너무 편안해지고, 더욱 밝아졌다는 이야기를 많이 들었다. 주변 사람들이 얼굴만 보아도 내가 달라졌다는 것을 느꼈다. 하지만 책을 읽지 않는 사람들의 모습을 보았을 때 그 사람들의 모습에서 달라진 것은 하나도 없었다.

나에게만 시간이 흐르는 것처럼 사람들은 그 자리에서 그 표정 그대로 살아가고 있었다. 우리가 독서하는 이유는 삶이 달라지는 것을 느끼기 때문이다. 처음 엄마가 독서를 시작하고 가족들에게 책을 읽으라고 말했을 때 우리는 "성공한 사람들이 책을 봤으면, 모든 사람이 다 책을 보고 성공했겠지!"라고 말하며 책의 힘을 무시했었다. 책만 본다고 삶이 달라질까? 내가 책을 읽으면서 느꼈다. 책만 읽으면 삶이 달라질 수 있다.

성공한 사람들은 대부분이 책을 읽었다는 사실을 사람들은 믿지 않는다. 책보다 더 위대한 것이 있을 것이라는 생각을 버리지 않는다. 우리나라에 성공한 사람이 많이 없는 이유는 진정으로 책을 읽는 사람이 많지 않기 때문이다. 당신의 삶이 바뀌기를 원한다면 독서를 시작해보길 바란다. 한 권의 시작으로 당신의 삶이 바뀔 것이다.

관심 있는
책으로 시작하라

—

이 세상의 모든 사람은 자신이 관심 있는 것에는
호기심이 생기기 마련이다.

내가 처음 독서를 시작했을 때의 일이다. 변화하는 엄마의 모습을 보면서 독서를 해야겠다고 다짐한 나는 책꽂이를 서성거리다가 엄마가 추천해준 책을 읽게 되었다. 추천받은 책은 『부자의 운』으로 일본의 개인 납세 1위 부자인 사이토 히토리가 직접 경험하고 깨달은 56가지 법칙을 적은 책이다.

독서를 시작했을 때 독서 습관이 잡혀 있지 않았던 나는 책을 한 페이지도 다 읽지 못하고 매일 잠이 들었다. 엎드려서 책을 읽던 나에게 엄마는 "엎드려서 책을 보니까 잠이 오지. 앉아서 읽어봐."라고 말했고, 앉아서 읽어도 잠이 들었다. 책을 읽으면서 꾸벅꾸벅 졸고 있는 모습을 본 엄마는 "책이 이렇게 재미있는데, 어떻게 잠이 오지? 나는 밤을 새워서 다 보고 싶은데."라고 말했다. 나는 책이 재미있다는 엄마의 말에 '만화책이 라면 모를까 글씨만 빽빽하게 적혀 있는 이 책이 뭐가 재미있지?'라고 생 각했다. 그런데 언제부터인가 나도 엄마처럼 책에 재미를 느끼기 시작했 다. 읽고 있던 책을 다 보지 않으면 잠이 오지 않았고, 잠이 들어도 아침 일찍 일어나서 눈곱도 떼지 않고 책을 읽고 있는 나의 모습을 발견했다.

책만 읽으면 잠들었던 내가 어떻게 독서왕이 되었을까? 이것이 관심 있는 책부터 읽어야 하는 이유이다. 내가 책을 읽고 매일 잠이 들자 엄마 는 시청하던 북튜브를 나에게 추천해주었다. 평소 유튜브를 보지 않았 던 나는 '북튜브'라는 것이 있는지 처음 알게 되었다. 엄마가 추천해준 북 튜브를 보면서 조금씩 책에 관심이 생기기 시작했다. 하루는 북튜브에서 인간관계에 관한 이야기를 들려주었는데 그 책이 너무 읽고 싶어졌다. 나는 살면서 처음으로 돈을 주고 책을 구매하기로 마음먹었다.

지금껏 자습서, 문제집을 제외하고 서점에 들러본 적이 없었던 나는 '책은 도서관에서 빌려 읽는 것'이라고 생각했다. 돈을 주고 책을 사는 것 은 '돈이 아깝다'라고 생각했다. 그런데 북튜브를 보고 책을 구매하기로 마음먹은 것이다. 인터넷 서점에 회원가입을 하고, 처음으로 산 책은 『상 자 밖에 있는 사람들』이었다.

북튜브로 한 번 듣고 내용을 어느 정도 알고 책을 보았더니 책의 내용도 쉽게 이해가 되었다. 책의 내용을 알고 있으니 책을 읽는 것이 재미있게 느껴졌다. 『상자 밖에 있는 사람들』을 다 읽고 이 책에서 추천해주는 책에 눈길이 갔다. 이번에는 추천 도서를 구매해서 읽었고 그 다음번엔 온라인 서점에서 이 책과 관련된 책을 추천해주기 시작했다. 나는 추천 도서를 보면서 내가 읽고 싶은 책들을 구매하기 시작했다.

지난 달에는 한 달 동안 30권 이상 책을 구매했다. 관심 있는 책을 읽기 시작하면 그와 관련된 책들이 눈에 띄고, 책을 통해 무언가를 깨닫게 되면 더 많은 것이 알고 싶어진다. 그렇게 독서를 시작했고, 내가 구매한 책은 돈이 아까워서라도 다 읽어야겠다는 생각이 든다. 나는 책을 구매할 때 둘러보다가 마음에 드는 것이 있으면 모두 사는 습관이 있다. 지난달에는 책이 하루에 10권 정도 배달오자 엄마는 "영화야, 집에 아직 다 못 읽은 책도 많아. 이제 책 사는 것도 줄여야겠어. 책 놔둘 곳이 없어."라고 말씀하셨다. 지금은 가게 책장에도 집에도 책이 많아서 엄마가 그만 사라고 할 정도로 책을 사서 읽는다.

내가 처음 엄마의 추천 도서를 읽고 잠이 들었던 이유는 독서 습관이 잡혀 있지 않은 것도 있지만 내가 관심이 없던 분야이기 때문이라는 것을 나중에서야 알게 되었다. 나는 엄마가 추천해준 북튜브를 처음 보았을 때도 크게 관심이 없었다. 좋은 내용이고, 독서가 중요하다는 것은 알지만 책만 읽으면 잠이 들어서 북튜브라도 꾸준히 봐야겠다는 생각에 계속 시청한 것이었다. 그러던 어느 날 한 내용이 마음에 들어서 관심이 생겼고, 그 영상은 몇 번 반복해서 들었다. 나는 이 영상 속 책을 직접 읽어보고 싶다는 생각이 들었고, 책을 구매해서 읽기 시작했다.

이 세상의 모든 사람은 자신이 관심 있는 것에는 호기심이 생기기 마련이다. 관심이 없다면 그곳에 신경을 쏟을 일이 없다. 책을 처음 어떻게 읽어야 할지 모르겠다면 서점, 온라인 서점에서 관심이 가는 끌리는 책 제목을 보고 사면 된다. 처음 살 때 중요한 점은 한 권이 아닌 10권 이상 사면 좋다. 한 권만 읽고도 재미를 느끼지 못할 때가 많다. 대부분의 사람은 한 권 읽고 '역시 독서는 안 맞아.'라고 하거나 '책이 그러면 그렇지', '음, 내용 좋네.' 하며 독서를 포기한다. 여러 권을 구입해놓으면 한 권을 읽고 다른 책도 사놓았으니 읽게 된다. 도서관에서 책을 빌리는 것이 아니라 자신이 돈을 주고 직접 구매해야 꾸준히 읽을 수 있다.

나는 처음 독서를 시작했을 때 인간관계에 관한 책을 읽었다. 사람들과의 관계가 힘들었던 나는 유튜브 영상을 보면서 내 마음을 공감해주는 것 같기도 하고, '내가 지금껏 잘못 생각하고 있었나?'라는 의문이 생겨서 책을 구입해서 읽게 되었다. 『상자 밖에 있는 사람들』책은 자기 기만에 대해 알려주는 책이다. 나는 이 책을 읽고 주변 사람들을 다시 보게 되었고, 점점 사람들의 심리, 행동, 나의 인간관계에 대해 관심이 생기기 시작했다. 추천해주는 도서와 나의 관심사를 따라 점점 책을 읽는 범위가 넓혀졌다.

나는 자기 사랑, 자존감, 인간관계, 가족, 연애에 주로 관심이 많다. 처음엔 자기 기만에서 시작해서, 드림킬러로 다른 사람에게서 벗어나려면 자존감이 높아져야 한다는 것을 깨닫고 자존감을 책을 읽기 시작했다. 그렇게 자존감을 높이려면 자기 사랑을 해야 한다는 것을 알게 되었고, 자기 사랑을 하면 주변의 모든 사람을 사랑할 수 있고 인정할 수 있게 된다는 것을 알았다. 나는 이런 식으로 책을 읽는 범위를 넓혀갔다.

독서를 시작하면서 독서법 책에도 관심이 생겼다. 다양한 종류의 독서법 책을 읽으면서 독서법도 저자마다 다르다는 것을 알게 되었다. '책은 그냥 글자만 읽으면 되는 거 아니야?'라고 생각했던 것과 달리 메모 독서법, 대화 독서법, SNS 독서법 등 다양하게 있었다. 나는 책에 있는 독서법들을 나에게 적용하면서 나만의 독서법을 찾을 수 있었다. 독서법 책도 '한 권만 읽으면 되는 거 아닌가?'라는 생각과 다르게 같은 종류의 책도 다양해서 읽다 보면 저자들만의 방법이 있고, 독서를 하게 된 이유, 저자들의 생각을 배우게 된다. '이렇게 생각할 수도 있구나, 이런 방법도 있구나.' 하며 나만의 생각을 고집하는 것보다 다방면으로 생각하고, 독서법을 적용해보고, 나에게 맞는 독서법은 나만의 방식으로 만들 수 있다.

독서를 시작하려는 독서 입문자라면 제일 먼저 관심 있는 주제, 끌리는 제목의 책을 사서 읽어야 한다. 그리고 책에서 알려주는 추천 도서를 읽으면 같은 주제의 책을 추천해주기 때문에 실패할 확률이 거의 없다. 또 관심 있는 책을 여러 권 읽으면 공통점이 발견된다. 그러면 책을 읽는 속도가 빨라지고, 어느 정도 그 분야에서 전문가가 될 수 있다.

가끔 가게에서 책을 읽고 있으면 손님들이 "무슨 책 보세요?", "공부해요?"라며 물어본다. 엄마와 내가 "공부하는 거 아니고 책을 읽는 거예요."라고 말하면 "나는 책에는 취미가 없어서." 또는 "그걸 왜 읽어요?"라고 말하는 사람들이 있다. 나도 처음엔 엄마가 독서를 시작했을 때 "엄마 책을 왜 읽어요?"라고 물어보았다. '책을 왜 읽으세요?'라고 물어보는 이유는 책을 읽는 게 이상하게 보이거나 책을 읽는 것이 왜 좋은지 궁금해서 물어보는 것이다.

내 안에 숨어 있는 가능성을 깨우고, 인생의 차이를 만드는 방법은 독서이다. 어제와 다른 내가 되고 싶다면 일단 '독서를 해야겠다'고 마음먹는 것이 아니라 내 주변에 보이는 책을 하나 얼른 꺼내 들고 읽어야 한다. 나는 책을 읽으면서 조금씩 삶이 바뀌기 시작했다. 꼬이기만 하는 당신의 인생을 풀고 싶다면 지금 눈길을 끄는 책부터 읽어야 한다.

(6)

성공하는 독서 습관은
따로 있다

–

다른 삶을 살고 싶다면
독서는 선택이 아닌 필수이다.

우리는 꼭 책을 읽어야 할 필요가 있을까? 2년 전 나는 독서를 하지 않아도 세상을 살아가는 데 크게 문제가 없었다. 독서를 하지 않고도 행복한 추억을 많이 쌓았다. 나는 1년에 2권도 읽지 않던 사람이었다. 소설책만 보며 10년을 넘게 보냈다. 독서를 하지 않아도 대학에서 장학금을 받고 졸업했고, 졸업하자마자 취업했다. 나의 주변엔 책을 읽는 사람도 없었고, 책을 읽으라고 하는 사람도 없었다.

지금껏 읽은 책이라고는 만화책과 소설책, 학창시절 자습서와 교과서가 전부였다. 나는 독서란 아무나 하는 것이 아니고 공부로 성공하는 사람들만 책을 읽는다고 생각했었다. 독서와 거리가 먼 사람이었기에 언제나 친구들과 여행가기, 노래방 가기, 데이트하기, 가게 일 돕기, 스마트폰 게임하기, sns 구경하기, 웹 소설, 웹툰 보기가 전부였다. 독서를 처음 시작했을 때 그냥 멍하니 멍 때리는 것이 더 낫겠다는 생각이 들 정도로 나는 독서에 취미가 없었다.

엄마의 권유로 책을 읽기로 마음먹었지만 '독서가 뭐 있겠냐, 그냥 책 읽는 거지.'라는 생각에 무작정 엄마의 변화된 모습을 따라서 아무 책이나 골라 읽었다. 그런데 아무 생각 없이 책을 읽어서일까? 매일 잠이 왔다. 엄마는 독서가 너무 재미있다고, 왜 이걸 안 하냐고 이야기하는데 나는 엄마가 이해되지 않았다.

종이에 까만 글씨를 보는 것이 도대체 뭐가 재미있다는 거지? 나는 5줄만 읽어도 잠이 오는데 정말 신기했다. 엄마는 일하다가 짬짬이 시간이 나면 읽었고, 밤에 자다가 깨면 읽었고, 아침에 눈 뜨자마자 읽었다. 엄마는 독서에 미쳐 있었다. 나는 그런 엄마를 보고, 정말 대단하다는 생각과 '엄마가 보는 책이 그렇게 재미가 있나?'라는 궁금증이 생겼다. 그래서 엄마가 보고 있는 책이 궁금해졌다. 똑같이 엄마가 읽었던 책을 읽었지만, 나에겐 수면제일 뿐이었다.

문득 '엄마가 정말 재미있어서 읽는 것일까?'라는 생각이 들었다. 엄마에게 "엄마 책이 그렇게 재미있어요? 나는 재미가 없는데."라고 말하자 "책은 재미로 읽는 게 아니야."라고 말했다. 나는 당황해하며 "엄마는 책이 재미있다고 했잖아요?"라고 되물었다. "책을 처음 읽을 땐 누구나 재미가 없어. 그냥 내 삶이 바뀔 것을 생각하며 읽는 거야. 그렇게 읽다가 보면 나와 공감되는 이야기가 있고, 저자의 말이 위로되고, 나에게 힘이 되는 거야. 그러면서 책의 재미를 느끼는 거지. 처음부터 재미있으면 다 책을 읽고 있겠지."라고 말했다.

2년 후인 지금은 책이 너무나도 재미있다. 혼자 낄낄거리며 책을 읽고 있으면 막냇동생이 "누나 무슨 책 봐? 누난 책이 재미있어?"라고 물어본다. 그럴 때면 내가 처음 엄마에게 물어보았던 때가 생각이 난다. 나는 엄마가 내게 해주었던 말을 동생에게 해주곤 한다. 내가 책을 읽기 시작하면서 주변 사람들도 "책 읽는 거 재미있어? 재미있어 보인다."라고 이야기한다. 그러면 나는 "재미있어."라고 대답한다. "책을 왜 읽는 거야?"라고 물어보는 사람도 많다. 책을 왜 읽어야 할까? 나는 책을 꾸준히 읽으면서 알게 되었다. 내가 누구인지 알 수 있고, 앞으로 성공하고 싶고, 행복해지고 싶고, 다른 삶을 살고 싶다면 독서는 선택이 아닌 필수라는 것을. 책을 읽으면서 진정한 나를 발견할 수 있고, 궁금한 것을 모두 책을 통해 배울 수 있다. 가끔 내가 궁금한 것 찾으려고 책을 본다고 말하면 "궁금한 것은 인터넷에 찾아보면 되잖아?"라고 말하는 사람도 있다.

궁금한 것은 찾아보면 된다. 그렇지만 우리는 궁금한 것을 찾고 끝내는 것이 아니라 사고의 확장이 필요하다. 자꾸 생각하다 보면 나의 사고가 크게 확장되고, 내 안의 나를 발견할 수 있게 된다. 나는 책을 읽으면서 나뿐만 아니라 사람들을 만나면서 진정한 그 사람을 발견할 수 있게 되었다.

요즘 엄마가 추천해준 『좋은 부모의 시작은 자기 치유다』라는 책을 읽고 있다. 나는 20대 초반에 나밖에 몰랐고, 나의 마음속에 있는 아픔도 치유가 되어 있지 않았기 때문에 남을 볼 눈이 없었다는 것을 알게 되었다. 내 안에 있는 상처받은 아이가 자신을 봐달라고 울부짖지만 나는 그것을 모른 채 넘겼다. 그 아이를 어떻게 달래주어야 하는지 몰랐고, 그 아이를 돌아봐 주는 사람이 없었기 때문에 시간이 지나면 모든 것이 해결된다는 말만 믿고 지나쳤던 것 같다. 이 책을 읽으면서 내 안에 어떤 상처가 있고, 이 상처를 치유하기 위해 어떻게 행동해야 하는지 배워서 조금씩 연습하고 있다.

직장생활을 했을 때의 나는 아이들을 좋아했지만, 함께 공감하고, 사랑으로 받아주는 것을 하지 못했고, 선배 선생님들에게 혼이 나면 나를 미워했고, 선배들을 미워했다. 나는 내 생각대로 그 사람들을 바라보았고, 미워했다. 그들은 나에게 그런 감정이 없었는데 내가 그렇게 생각하고, 그들을 대했다. 책을 읽기 전엔 그 사람들이 미웠고 함께하기 싫은 사람이었다면 현재 다시 그 사람을 만나면 새로운 사람이 되었다고 느껴질 정도이다. 예전엔 다가가기 힘들었고, 나를 무시하는 것 같았고, 밉게만 느껴졌다. 나에게 하는 말들이 모두 비난처럼 느껴졌다. 그런데 책을 읽고 그 사람을 만나 다가가는 것이 서툴렀고, 외로웠고, 순수하고 따뜻한 미소를 가진 사람이었다. 또 칭찬도 잘하는 사람이라는 것을 알고 나는 큰 충격을 받았다. 조금씩 나의 상처들을 치유하면서 상대방의 상처도 눈에 보이기 시작했다. 정말 신기한 느낌이다. 공감되고, 상대방의 말에 화가 나지 않는다.

우리는 떠오르는 생각대로 생각하고, 행동한다. 그 생각이 진실이고, 진짜라고 생각하지만 생각은 생각일 뿐이다. 그 생각이 현실로 나타나지 않기를 바라면서 생각대로 행동한다. 책을 읽는 이유는 그 생각이 진실이 아니라는 것을 깨닫고, 나의 사고를 긍정적으로, 삶에 이롭게 바꾸기 위해 읽는 것이다. 내가 독서를 성공할 수 있었던 것은 독서 습관이 있었기 때문이다. 독서법도 중요하지만 제일 중요한 것은 독서 습관을 만들어야 한다. 하루 중에 아침에 일어나서, 잠들기 전 10분 만이라도 책을 읽어보자. 책 한 장이 모여, 책 한 권이 되듯이 매일 꾸준히 읽다 보면 한 권을 모두 읽게 된다. 한 권을 읽고 나면 다른 책을 읽고 싶어지고, 그렇게 한 권, 2권 늘어서 나의 삶에 켜켜이 쌓이게 되는 것이다.

성공하는 독서 습관 첫 번째는 좋아하는 책, 관심이 가는 책을 읽고 그 책을 시작으로 꾸준히 책을 읽는 것이다. 독서가 나의 생활 일부가 되도록 하는 것이다. 나는 처음 한 달 동안 책만 읽으면 잠이 들었기에 독서 습관을 만들기 위해 많은 시행착오를 겪었다. 제일 처음엔 내가 재미를 느낄 수 있는 책을 읽어야 한다.

　두 번째는 남에게 보여주기 위해 독서하는 것이 아니라 자신을 위해 해야 한다는 것을 알아야 한다. 독서를 시작하면 주변의 사람들이 관심을 가지기 시작한다. 그러면 처음 의도는 분명 나의 삶을 개선하고 성장하기 위해 읽는 것이었는데 사람들의 관심 때문에 점점 보여주기 위해 책을 읽게 된다. 이럴 땐 사람들에게 보여주기 위해 책을 읽는 것이 아니라 사람들에게 책의 내용을 알려주기 위해 읽는다고 생각하면 더욱 집중되고, 머릿속에 남는 것이 많다.

　세 번째는 나와 대화하는 독서를 해야 한다. 삶이 바뀌지 않는 독서는 책을 읽지 않는 것과 같다. 삶을 바꾸기 위해서 해야 할 것은 '나' 자신과의 대화이다. 하루에 10분이라도 나와의 시간을 가져야 한다. 책을 읽고 덮었을 때 한 구절밖에 생각나지 않는다면? 아마 당황스러울 것이다. 돈이 아깝고, 시간이 아깝다는 생각이 들 것이다. 그것은 당신의 머리가 나쁜 것도, 독서를 잘못한 것도 아니다. 독서는 학교 공부가 아니다. 우리는 그 많은 내용을 모두 기억할 수 없다. 그 책의 그 말이 당신에게 와닿았기 때문에 기억이 나는 것이다. 암기해서 외우는 것이 아닌 당신의 마음에서 기억하는 문장은 이유가 있을 것이다. 그 이유를 생각해보고 노트에 적으면 된다. '나는 왜 이 문장을 기억했을까? 나는 이 문장이 왜 좋았을까?'라고 질문해보면서.

독서가 나의 일상이 되면 조금씩 삶이 변하는 것을 느낄 수 있다. 책을 읽은 지 2년이 지난 지금, 주변의 친구들 지인들부터 가장 가까이에 있는 가족들도 나의 변화를 느끼고 있다. 원래 가끔 보는 사람이 이 차이를 더욱 잘 느낀다고 했는데 우리 가족들은 가까이에서 매일 보면서 나의 변화를 알아차렸다.

예전과 비교하면 불평이 줄었고, 긍정적으로 생각하고, 대화하는 기술이 달라졌고, 일하는 마음도 많이 바뀌었다. 나의 삶이 변한 이유는 매일 독서를 했고, 책을 읽으면서 내 생각을 끄집어내고, 나와 대화를 했다는 것이다. 이렇게 변화하는 나의 모습에 나는 또 책에 재미를 느끼게 되었다. 점점 더 분야를 넓히면서 함께 나도 성장했다. 하루에 10분씩 독서를 시작해보자, 이것이 어렵다면 일주일을 책을 들고만 다녀보자. 들고 다니다 보면 심심하고, 외로울 때 책을 보게 된다. 그렇게 시작된 당신의 첫 장이 당신의 삶을 바꾸어줄 것이다.

인생은 읽으면서
달라진다

—

우리는 매일 자기 일에 힘쓰고,
오늘과 다른 내일을 추구해야 한다.

우리의 인생은 내가 오늘 무엇을 하느냐에 따라 달라진다. 왜냐하면, 오늘이 모여 내일이 되고, 내일이 모여 한 달이, 한 달이 모여 일 년이, 이 시간이 모여 나의 인생이 되기 때문이다. 오늘 하루를 마감할 때 내가 무엇을 하며 보냈는지 생각해보자. 사람들은 남과 비교하면서 인생을 바꾸려 한다. 스트레스와 열등감에서 헤어나지 못한 채 힘들어하거나, 남들보다 빠르게 승진했고, 일을 잘했다는 우월감으로 성공했다고 생각한다. 다른 사람과 비교하면서 성공과 실패를 결정하는 것은 나의 인생이 아니라 남의 인생이 되는 것이다.

책을 읽기 전 나는 주변 사람들과 나를 많이 비교했다. 직장생활을 시작하고 1년 차가 되었을 때, 아이들이 선배 선생님의 말은 잘 듣는데 나는 교실에서 투명 인간이 된 것처럼 존재감이 없었다. 집에 와서 나는 엄마에게 불평했다. "엄마, 애들이 선생님 말은 잘 들으면서 내 말은 안 들어요. 내가 교실에 없는 사람 같아요."라고 말하자 엄마는 "영화야, 너 취업한 지 이제 1년 되었어. 그 선생님은 이 일만 20년 했다면서? 1년 한 사람이 20년 일한 사람의 노하우를 모두 터득할 수 있을까?" 나는 엄마의 물음에 대답할 수 없었다. "영화가 그 선생님처럼 되고 싶다는 것은 욕심이야. 그 선생님도 영화처럼 그랬던 시기가 있었어. 그런데 그걸 견디고 몇십 년을 했으니 주변에서 알아주고 아이들도 집중할 수 있는 거야."라고 말했다.

나는 주변 사람들을 보면서 언제나 부러워했고, 나를 부정적인 시선으로 보았다. 그런 나에게 엄마는 언제나 "영화야, 영화는 놀러가지 못하는 대신 돈을 벌고 있잖아. 영화는 선생님들처럼 마르진 않았지만, 엄마가 보기엔 날씬해. 게다가 매일 건강한 엄마 밥을 먹을 수 있잖아. 가게 일을 돕는 대신 엄마 아빠에게 힘들 때 이야기를 나누고 해결할 수 있잖아."라며 나에게 있는 것을 가르쳐주었다.

엄마가 나에게 이렇게 이야기해주면 나는 '아, 나에게도 이런 것이 있구나. 맞아, 다른 사람들은 나의 이런 점을 부러워하고 있어.'라는 생각이

들었다. 우리는 잘못된 비교를 하면서 살아가고 있다는 것을 엄마의 조
언과 책을 읽으면서 알 수 있었다.

비교할 때는 성공한 사람, 훌륭한 사람을 목표로 삼아야지 주변의 평
범한, 나와 비슷한 사람과 비교해서는 안 된다. 비교는 어제의 나와 하는
것이다. 어제보다 내가 얼마나 성장했고, 무엇을 더 했는지, 얼마나 더
시간을 알차게 보냈는지 등 자기 자신과 대화하고, 비교하는 삶이 진정
한 삶인 것이다. 여기에 더 나아가 자신의 미래의 모습과 비교해보는 것
도 괜찮은 일이다. 우리는 이기는 것이 아닌 극복하는 것이 필요하다. 남
을 부러워하는 것이 아닌 나에게 있는 것을 발견하는 것이 필요하다. 남
들이 나에게 부러워하는 면을 알아야 한다.

사람들은 비교하는 것뿐만 아니라 다른 사람의 일에도 관심이 많다.
나는 생각보다 나의 주변 사람들에게 관심이 많다. 나와 관련이 없는 사
람들의 일에는 크게 관심을 가지지 않지만 나의 주변 사람들에겐 관심을
많이 가지고 있다고 생각했다. 책을 읽으면서 알게 되었다. 나는 주변 사
람들, 내가 하고 있는 일에도 관심이 없었다. 관심을 갖기보다는 오지랖
이 넓었던 것이었고, 잔소리가 많았던 것이었다.

우리의 시간은 유한하다. 시간을 나에게 쏟아부어야 한다. 엄마는 나

에게 항상 "영화는 주변에 너무 관심이 없어."라고 말했다. 나는 내가 관심을 가지고 일하고, 가족, 친구, 주변 사람들에게 관심이 있다고 생각했지만, 엄마가 하는 이야기를 듣고 엄마가 추천해주는 책들을 읽으면서 내가 정말 주변에 관심 없이 살아왔다는 것을 느낄 수 있었다.

우리는 매일 자기 일에 힘쓰고, 오늘과 다른 내일을 추구해야 한다. 어제 했던 행동 중 마음에 들지 않았던 부분을 오늘은 새롭게 행동해 보는 것이다. 그러면 매일 변화하고 실천하는 자신의 모습을 보며 자존감이 높아지고, 놀라울 정도로 발전한 자신의 모습을 보게 될 것이다. 하루에 한 가지 매일 새로운 목표를 정하면 매일 새롭고 성장하는 하루가 될 것이다.

직장, 가정, 인간관계에서 지칠 때, 꿈을 찾지 못하고 방황하고 있을 때, 하는 일에 흥미와 의미를 찾지 못했을 때 우리는 인생의 터닝 포인트를 기대한다. 평범했던 사람이 갑자기 유명한 사람이 되었을 때, 예전에 내가 알던 모습과 다른 모습으로 성장한 사람을 볼 때 복권에 당첨된 것처럼 특별한 계기가 있어서 삶이 바뀌었다고 생각한다.

그러나 그것은 사람들이 제대로 보지 않았기 때문이다. 간절하게 변화를 바라는 사람들은 인생 한방 복권을 믿지 않는다. 그만큼의 노력과 인

내가 필요하다는 것을 알고 있다. 사람들이 바뀐 삶을 보기보다 그 사람이 그동안 삶을 바꾸기 위해 해온 시간과 노력을 살펴보아야 한다. 다른 사람을 부러워하고 질투하기 전에 자신이 진정으로 원하는 것이 무엇인지부터 생각해보아야 한다.

'나는 언제 성공할 수 있을까?' 노력과 인내의 시간은 사람마다 다르기에 인생의 터닝 포인트가 오는 시기는 사람마다 다르다. 자신의 삶이 바뀌기를 원하는 사람이라면 나의 삶은 언제 바뀌는지 궁금할 것이다. 자신이 정말 삶을 바꾸고자 하는 마음과 태도가 준비되어 있다면 시작하고 끝까지 노력해야 한다. 다양한 이유로 시작하지 않거나, 중간에 포기하는 사람들이 있다. 그런 사람들은 끝까지 가보지 않았기 때문에 사람들이 성공하면 '역시 뭔가가 있어.'라고 생각하거나, '나도 저거 해봤는데 안 되더라'는 식으로 이야기한다.

내가 다양한 책을 읽으면서 느낀 것은 책을 읽고 인생이 바뀐 사람들은 각각 그들만의 특별한 사건이 있다는 점이다. 대부분 그 사건이 자신의 삶에서 제일 힘들고, 괴롭고, 외로웠던 순간이었다. 시련이 그 사람들에게 인생의 터닝 포인트의 시작이 되었다. 나에겐 2년 전 어린이집을 퇴근하고 와서 불평하고, 엄마의 다른 모습과 책을 읽어야 한다고 이야기했던 그날 하루가 터닝 포인트가 되었다. 나는 그 시절 몸도 많이 망가졌고, 정신도, 마음도 많이 망가진 상태였다. 부정과 우울로 가득했던 25살 젊은 청춘은 한 사건으로 삶이 바뀌게 된 것이다. 시련은 삶을 바꿀 기회이고, 시작할 수 있는 때라는 것을 알려주는 삶의 메시지라는 생각이 든다.

가게 일을 돕거나, 무슨 일을 했을 때 내가 실수를 하거나, 힘든 상황이 오면 그 상황에서 부정적인 것을 찾기보다는 이 상황 속에서 내가 무엇을 배워야 하고 무엇을 깨달아야 할지를 먼저 생각하게 된다. 시련과 실수는 나에게 온 삶의 메시지이다.

내가 20살 때 부모님은 '젊었을 때 많은 경험을 해야 한다.'라고 말했다. 나는 책을 읽고 알게 되었다. 경험보다 그곳에서 내가 어떤 것을 배우고 깨닫느냐가 인생의 큰 변화를 가져다준다는 것을. 책을 읽었을 때도 무작정 많이 읽는 것이 아니라 그 책에서 내가 어떤 점을 배워야 하고, 어떤 점을 실천해야 하는지, 나는 어떻게 생각하는지 등 내가 크게 깨닫는 것이 중요하다. 아무리 좋은 책을 읽어도 스스로 이 책의 뜻을 알아내려고 노력하지 않는다면 그것은 눈으로 글자를 보는 것에 불과하다.

좋은 책, 유명한 책이든 사람들이 읽지 않았던 책이든 어떤 책을 읽느냐가 중요한 것이 아니라 책을 내가 어떻게 읽고, 배우고, 느꼈는지가 중요하다. 모든 일에는 크든 작든 우리에게 알려주는 메시지가 있다. 독서는 그것을 배우는 것이다.

찰스 존스는 "2가지에서 영향 받지 않는다면 우리 인생은 5년이 지나도 지금과 똑같을 것이다. 2가지란 우리가 만나는 사람과 우리가 읽는 책이다."라고 말했다. 나는 책을 읽으면서 인생이 달라지고 있다는 것을 느꼈다. 내가 읽었던 책들이 나의 인생을 바꾸고 있기 때문이다. 내가 자기 사랑에 관련된 책을 읽으면서 나의 인생은 자기 자신을 사랑하는 사람이 되어 있었고, 내가 인간관계에 관한 책을 읽으면 사람들과 잘 지내는 사람이 되어 있었다. 인생은 읽으면서 달라진다.

책은 인류가 남긴 소중한 보물이라고 말한다. 수 천 년의 역사 속에서 살다간 사람들과 함께 생각을 나눌 수 있는 유일한 통로가 책이다. 내가 만나보지 못한 사람들, 내가 만날 수 없는 사람들과 이야기 나누고, 그 사람들의 삶을 경험할 수 있다는 것이 우리에게 큰 선물인 것이다.

(8)

책 안에서
미래를 꿈꾸다

—

청춘은
마음의 나이이다.

내가 읽은 책의 저자들의 공통점 중 하나는 책을 읽고 꿈을 찾았다는 것이다. 책을 통해 자신이 무엇을 해야 하는지, 어떤 것을 할 수 있는지 찾고 그 꿈을 이루기 위해 노력했다.

며칠 전 명봉사에 힐링 캠핑을 당일치기로 다녀왔다. 물소리가 들리고, 단풍이 들기 시작해서 알록달록한 숲을 보고 기분이 좋아졌다. 돗자리를 펴고 테이블 위에 노트북을 올려놓은 뒤 원고를 작성하며 행복한 시간을 보냈다. 오전 11시부터 저녁 8시까지 명봉사에서 하루를 보내며 내가 느낀 것은 물은 단 한 번도 멈추지 않고 흐른다는 것이었다. 누구나 다 아는 사실이고 당연한데 나는 물이 흐르는 것이 새삼 다르게 느껴졌다. 내가 물놀이를 하든, 글을 쓰든, 밥을 먹든 물은 관심도 두지 않고 자기 갈 길을 가느라 바빴다. '나의 삶도 책을 읽기 전엔 흐르는 물과 같지 않았을까?'라는 생각이 들었다.

나는 책을 읽기 전 내 주변 사람들이 무엇을 하고, 어떤 꿈을 꾸면서 사는지 관심이 없었다. 매일 똑같이 흘러가는 시간 속에서 똑같은 일을 하며 꿈 없이, 아무 생각 없이 물이 흐르듯 하루를 흘려보냈다.

우리 부모님은 물처럼 살아야 한다고 말했다. 물은 주변의 돌이 막는다고 해서 화내거나 싸우지 않는다. 그냥 조용히 그 옆을 비켜 지나간다며 우리도 그렇게 살아야 한다고 말했다. 나는 인간관계는 물처럼 사는 것이 맞지만 인생을 물처럼 살아서는 안 된다는 생각이 들었다. 우리에게는 행복한 인간관계도 중요하지만 꿈이 필요하다. 내가 책을 읽은 지 1년쯤 되었을 때 엄마는 반짝반짝 빛나는 눈으로 우리에게 매일 꿈 이야기를 했다. "영화야, 엄마는 나중에 책을 쓰는 작가가 될 거야. 그리고 나중에 〈세바시〉 같은 강연장에서 강연할 거야. 나는 가끔 내가 강연하는 꿈도 꾼다니까!" 하며 중학교 2학년이었던 막내보다, 20대 초반이었던 나보다 더욱 반짝거리는 삶을 살고 있었다.

나는 직장을 다니고 있었지만 꿈이 없었다. 책을 읽고 꿈을 찾은 엄마가 부러웠다. "엄마, 엄마가 우리보다 더 젊은 것 같아요. 우리는 엄마보다 나이만 어리지 더 나이 많은 사람 같아요. 나도 꿈을 찾고 싶어요."라고 말했다. 20대 초반엔 청춘이란 나이가 어린 사람을 뜻한다고 생각했다. 그날 엄마를 보면서 나이는 숫자에 불과하다는 말이 무슨 뜻인지 알게 되었다. 우리는 엄마보다 나이도 어리고, 체력도 좋고, 할 수 있는 것도 많았지만 마음의 나이는 엄마보다 훨씬 나이 들어 있었다. 꿈이 없는 눈동자는 힘든 세월을 보낸 할머니, 할아버지의 눈동자와 똑같았다. 인생을 사는 의미가 없고, 자신이 왜 살고 있는지 이유를 모르는 사람은 나이 든 사람과 다르지 않다. 청춘은 마음의 나이이다. 자신에게 꿈이 있고 그것을 실천하려는 의지만 있다면 나이가 90세여도 청춘인 것이다.

꿈을 찾은 엄마를 보고 나도 엄마에게 꿈을 찾고 싶다고, 어떻게 하면 책을 읽고 꿈을 찾을 수 있냐고 물었다. 엄마는 "꿈을 찾고 싶으면 그냥 책을 계속 읽으면 돼. 책을 읽으면 내가 무엇을 해야 하는지 알 수 있어."라고 가르쳐주었다. 나는 계속해서 꾸준히 책을 읽으면서 다양한 꿈을 찾았다. 마지막으로 결정한 꿈은 강연가이다. 한천을 걸으면서 들뜬 마음으로 "엄마, 나도 꿈을 찾았어요!! 나도 강연가가 될 거예요. 그래서 나처럼 꿈이 없고 힘든 사람들에게 성공할 수 있는 사람은 정해져 있는 것이 아니라 내가 정하는 것이라고 알려주고 싶어요. 나처럼 10대, 20대를 방황한 사람들에게 세상은 이렇게 사는 게 아니라고, 행복한 세상이 있다고 알려주고 싶어요."라고 말했다. 처음엔 내가 책을 읽으면서 치유했기 때문에 사람들의 이야기를 들어주고 치유해주는 상담사가 되고 싶었다. 그러나 아직 내면을 모두 치유한 것이 아니었고, 상담사라는 직업이 쉬운 일이 아니라는 것을 알게 되었다. 두 번째로 아이와 책을 좋아하니까 어린이 도서실을 만들어서 학부모님들과 아이들이 함께 책을 볼 수 있는 곳을 만들겠다고 말했다. 그곳에서 부모가 아이에게 책을 읽는 법을 가르치겠다고 했더니 엄마는 돈이 많이 드는데 그만큼의 돈이 있냐고 물었다. 중요한 것은 시골에 책을 읽는 사람들이 거의 없었다. 엄마는 다시 나에게 책을 더 읽어보라고 말했다. 마지막에 결정한 것이 작가, 강연가이다.

책을 읽으면 다양한 꿈이 생각난다. 내가 할 수 있는 것들이 많아지고, 책 속 저자들의 경험을 통해 나의 꿈을 찾을 수 있다. 빌 게이츠도 어릴 적 읽었던 책에서 미래를 꿈꾸었고 꿈을 이루기 위해 노력했다. 책 속에는 내가 알지 못했던 수많은 꿈이 적혀 있다. 책을 많이 읽는 이유는 책을 통해 다양한 정보를 얻고 다양한 경험을 할 수 있기 때문이다.

애플의 창업자 스티브 잡스의 말이다.

"내가 지금 한 일이 인생에 어떤 점을 찍는 것이라고 한다면, 미래에 그것들이 어떻게 이어질지는 예측할 수 없다. 그러나 10년이 지난 후 돌이켜보니 그 점들은 이미 모두 연결되어 있었다."

우리의 인생은 선으로 연결되어 있다. 나는 어른들에게 혼나는 일, 부모님의 가게 일을 돕는 것, 공부도 하지 않으면서 매일 학교에 가야 하는 것, 좋아하지 않는 일을 하는 것까지도 모두 나의 인생에 도움이 되지 않는다고 생각했다. 그런데 책을 읽으면서 내가 지금껏 해왔던 일들이 모두 보잘 것 없고, 힘들기만 했고, 괴로웠던 순간이 아니라는 것을 느꼈다. 그러나 사회생활을 하고, 칼국수 가게를 운영하고, 작가가 되어 글을 쓰면서 내가 했던 모든 일이 나만의 삶을 살아가는 비법이 되어 있고, 나의 삶을 이루고 있다는 것을 알게 되었다.

스티브 잡스가 했던 말처럼 내가 한 일은 모두 하나의 점이었고, 그 점들이 나도 모르게 모여서 하나의 선이 되어 있었다. 내가 하고 있던 모든 일이 내가 경험했던 일들에서 비롯되었다는 것을 알 수 있었다. 책을 읽는 것도 똑같다. 한 권의 책이 하나의 점이 되어 내가 책을 많이 읽으며 읽을수록 그 점은 길게 연결되었고, 눈에 보일 정도로 긴 선으로 나타났다. 책을 읽어야 하는 이유는 힘든 시간을 그냥 힘든 추억으로만 보내지 않고, 값진 보석으로 만들어주기 때문이다. 점들이 모여서 선이 되게 하려면 어떠한 행동을 해야 하는데 행동을 할 수 있고, 생각을 할 수 있게 만들어주는 것이 책이다. 경험을 추억으로만 남겨두면 나의 삶엔 큰 변화가 없다. 경험이 인생에 마중물이 되어주는 것이다.

나는 특히 젊은 사람들이 책을 읽고, 꿈을 찾았으면 좋겠다. 엄마는 매일 나에게 "내가 10년 전에 책을 만났더라도 지금의 삶이 많이 달라졌을 텐데."라는 말을 많이 했다. 나도 책을 읽고 무기력하게 보냈던 시절에 일찍이 책을 읽었더라면 지금 더 바르게 성공할 수 있었을 텐데 하는 아쉬움이 있다. 엄마는 46년 동안 살아오면서 깨달은 것보다 2년 동안 읽은 책을 통해 더 많은 것을 배웠다고 말했다.

하루라도 빨리 읽었으면 하는 이유는 우리 막냇동생을 보면서 변화를 빠르게 느끼고 있기 때문이다. 우리 가족은 요즘 저녁 장사를 마치고 집에 가서 9시가 되면 가족 독서 모임을 하고 있다. 엄마, 나, 둘째 동생, 막냇동생이 모여 20분 동안 책을 읽고, 30~40분 정도 자신이 읽은 책을 소개하거나, 내용이 좋았던 점, 상대방의 이야기를 듣고 내가 느낀 점을 이야기 나눈다. 독서 모임을 하면서 가족 간의 사이도 더 좋아졌고, 서로 다른 생각을 하고 있다는 것을 인정하게 된다.

지금은 더없이 행복하고 서로를 아끼는 사이지만 올해 초 막냇동생은 온라인 수업을 하면서 게임 중독에 걸렸다. 심각할 정도로 게임에 빠져 있었던 막내에게 엄마는 독서를 시켰다. 매일 책을 읽도록 했고, 책을 읽은 후 느낀 점을 노트에 적거나 이야기 나누었다. 막내는 책을 읽으면서 매일 조금씩 변했다. 표정도, 말하는 것도. 중요한 것은 15살이라는 어린 나이에 꿈이 생겼다는 것이다. 지금은 유튜브를 하면서 책을 읽어주기도 하고, 엄마와 학교에서 있었던 일을 이야기 나누며 고민 상담 영상을 업로드하고 있다. 이번 겨울엔 막냇동생도 책을 쓰고 싶다고 말했다. 꿈을 가지더니 학교 공부도 열심히 해서 학원도 가지 않고 기말고사 전 과목 평균 20점을 높였고, 영어는 50점을 높였다.

15살 막내는 이제 더는 자기 자신을 어린아이로 보지 않는다. 스스로 자기 할 일을 하고 가족들도 도와준다. 나는 15살 때 친구들과 매일 동네를 다녔다. 집에 가기 싫어서 최대한 돌아다니다 보니 별명이 '백빠꾸'였다. 학교에서 무엇을 가르치고, 배우는지도 몰랐고, 친구들을 만나기 위해 집에서 벗어나기 위해 학교에 다녔다. 꿈도 없었고, 내가 왜 사는지 몰랐던 나는 그렇게 10대를 보내고 20대가 되었다. 20대도 크게 달라지지 않았다. 살면서 조금씩 터득한 것은 있었지만 꿈이 없는 삶은 의욕이 없었다. 엄마와 마찬가지로 나도 25년간 살아오면서 배우고 경험한 것보다 2년 동안 책을 읽으면서 배우고 터득한 것이 가슴에 더욱 와닿고 많은 도움이 되었다.

내가 책을 읽지 않았을 때 부모님의 삶을 그대로 살고 있었고, 주변 환경에 의해 내 삶이 결정되고 있었다. 책을 읽으면서 나는 부모님과 다른 존재이며, 나의 삶은 내가 이끌어가야 한다는 것을 알게 되었다. 10대, 20대에는 인생을 예측하는 것이 서툴다. 현재 자기 자신을 돌보는 일도 버겁다. 그러나 우리에게 젊음 이후의 삶도 있다는 것을 알아야 한다. 지금보다 그 후의 삶이 더 멋지고 행복할 수 있다는 것을 깨달아야 한다.

책을 읽고 미래에 내가 어떤 모습일지 마음속으로 그려보자. 그러면 내가 지금 무엇을 해야 하는지 알게 되고, 삶에 활력이 생긴다. 미래의 상상 속 내 모습이 지금은 현실은 아니지만, 계획을 짜면 내가 무엇을 해야 하는지 알게 되고, 우리의 시간이 유한하다는 것을 알게 된다. 미래에서 나의 과거를 돌아보면 상상 속 내 모습이 현실이 되어 있다는 것을 알 수 있다. 나는 책을 읽고, 꿈을 찾고 뒤돌아보니 생각보다 너무 많은 시간을 흘려보냈다는 생각이 들었다. 주변에는 수많은 유혹 거리가 있고, 무기력한 일상에 빠져 사는 친구들이 너무 많다. 중요한 것은 대부분 그 친구들이 행복하지 않다는 것이다. 지금부터 행복해지고 싶다면 책을 읽고 삶을 바꿔보자.

3 장

1년에
200권
읽으면
일어나는 일

불평 많은 투덜이에서
독서 여왕이 되다

—

사람들은 자신은 불평도 많이 하지 않고,
착한 사람이라고 생각한다.

학창시절 나는 부모님의 치킨 가게를 도와드렸다. 가게가 너무 바빠서 배달 알바가 2명이나 있었지만, 동생과 내가 가게 일을 도와드려야 했다. 주말이면 친구들이 모여 놀러가자고 하지만 치킨 가게는 주말에 더 바빴다. 동생과 나는 달력의 빨간 날을 제일 싫어했다. 차라리 학교에 가는 게 더 낫겠다고 생각했다. 가게에서 온종일 주문을 받고, 치킨 포장을 하고, 치킨을 튀기고, 피자를 만드는 일은 생각보다 체력 소모가 컸다.

대학 시절 나는 친구들에게 가게 일을 돕는 것에 대해 자주 투덜거렸다. 하루는 친구가 다 같이 모여서 놀이동산을 다녀오자고 했다. 부모님께 여쭤보았지만 역시나 안 된다고 말씀하셨다. 부모님은 돈만 들고, 잠도 어디서 잘지 정하지 않고, 의미 없이 시간을 보내지 말라고 말했다. 그땐 친구들은 다 가는데 나 혼자 가지 못한다는 속상한 마음에 화가 나서 친구들과 함께 몰래 놀러 갈까 생각했다. 엄마의 "영화야, 네가 그러면 안 되지. 동생들이 다 너를 보고 배우는데 누나가 모범을 보여야지."라는 말에 포기하고 말았다.

내가 놀이동산을 못 간다고 하자 단짝 친구였던 A는 나에게 매일 "너 진짜 답답하다. 나 같으면 벌써 집 나왔다. 그냥 가자. 집 나와. 여기서 같이 지내면 되지. 너는 너희 부모님한테 너무 잘해서 너희 부모님이 네 소중함을 모르는 거야. 네가 한 번 나가봐야 안다니까?"라며 집을 나오라고 부추겼다. 나는 A친구의 말에 '정말 우리 부모님이 나의 소중함을 모르는가? 내가 나갔다가 안 찾으면 어쩌지?' 수많은 생각이 들었다. 내가 매일 불평을 하면서도 가게 일을 돕는 것이 친구들이 보기엔 답답했나 보다. 친구들의 말을 들을수록 나는 점점 더 삐뚤어져갔다. 부모님이 하는 말은 모두 부정적으로 들렸고, 나를 사랑하지 않는 것 같았다. 엄마는 나에게 친구 A와 함께 다니지 않았으면 좋겠다고 말을 했지만 나는 친구들과도 함께 어울리지 못하게 하는 것인가 싶은 마음이 들면서 더욱 그 친구와 다녔다. 그때 한 사건이 일어났다.

대학교 2학년 축제 날, 3학년이 되면 실습을 하러 가기 때문에 2학년이 마지막 축제라는 생각에 부모님께 바쁘면 전화해달라고 말하고 밤새 친구들과 놀기로 약속했다. 축제장에서 놀다가 11시쯤 노래방에 가자고 해서 노래방으로 이동했다. 열심히 노래를 부르던 중 A가 배터리가 다 되었다며 휴대폰을 빌려달라고 했다. 나는 친구에게 휴대폰을 빌려주고 열심히 노래를 부르고 있었다. 한참이 지나도 친구가 들어오지 않아서 밖에 나가보니 N친구의 전화번호를 못 찾겠다며 나에게 전화를 걸어 달 라고 말했다. 순간 이상한 느낌이 들었지만 넘겨버리고 N친구에게 전화 를 걸었다.

친구들이 여러 명 더 모였을 때 시간을 보니 11:40분이 다 되어갔다. '축제 날이면 가게가 바빴을 텐데.'라는 생각이 들어 가게에 가려고 짐을 챙기고 있을 때 A가 "야, 오늘 우리랑 마지막까지 있기로 했잖아. 가지 마!"라고 말했다. 나는 "아니야, 오늘 많이 놀았잖아. 12시면 가게 문 닫 는데 그래도 이건 아닌 것 같아."라고 말하자 A는 화를 내기 시작했다. 옆에 있던 다른 친구들이 "우리도 이제 기숙사 가야지. 영화 데려다주고 우리도 가자."라고 말해서 싸움은 일어나지 않았다.

문제는 내가 가게에 도착했을 때의 일이다. 가게 문을 열고 "다녀 왔…."이라고 말하는 순간 엄마가 "너 지금 뭐 하는 거야!"라며 크게 화를 냈다. 나는 영문도 모른 채 "네?"라고 물었고 엄마는 "뭘 모르는 척해. 내가 전화받았는데. 엄마가 바쁘다는데 그렇게 노는 게 좋으면 나가서 놀아."라고 화를 내는 것이 아닌가. 나는 놀라서 "네? 전화 안 왔는데요? 저는 전화 안 받았어요. 나는 친구들이 더 놀자고 하는 거 가게 걱정돼서 빨리 왔는데 왜 화내요?"라며 억울하다고 이야기했다. 엄마는 "좀 전에 네가 전화받은 거 아니야?"라고 물었고, 나는 친구 A가 전화한다고 빌려갔는데 나한테 전화가 왔었다는 말도 없었다고 말했다.

그제야 엄마는 "왠지 이상하더라."라고 하며 화가 난 이유를 이야기해주었다. 11시 20분쯤 가게가 너무 바빠서 8살이었던 막냇동생도 가게 일을 돕고 있었다. 엄마는 점점 바빠지자 막냇동생에게 누나한테 전화하라고 말했고, A가 전화를 받았다. A는 나인 척 전화를 받고는 막냇동생에게 더 놀다가 가겠다고 말했다고 했다. 막냇동생이 엄마에게 전화를 바꿔주었고, 엄마는 A 친구가 나인 줄 알고, 가게가 바쁘니까 얼른 들어오라 하며 끊었다고 했다.

평소 엄마가 바쁘다고 전화하면 두말하지 않고 바로 달려오는 나인데 그날은 내가 계속 더 놀겠다고 고집을 부려서 술을 많이 먹어서 그런가 했다는 것이다. 나는 그 말을 듣고 충격을 받았다. 다음 날 친구에게 왜 그런 일을 저질렀냐고 물으니 친구는 내가 평소에 맨날 가게 일을 돕기 싫다고 불평했고, 자신도 나와 함께 놀고 싶었기 때문에 그랬다고 했다.

이것은 나의 불평에서 시작된 일이었다. 가게에서는 학교 불평을 학교에서는 집의 불평을 나는 불평 많은 투덜이였다. 투덜이였던 내가 지금은 불평을 거의 하지 않고 독서에 몰입하고 있다. 처음 몇 권을 읽고 불평이 없어진 것은 아니었다. 작년 초 '뭐 볼 책 없을까?' 책장을 둘러보던 중 『불평 없이 살아보기』라는 책이 눈에 띄어서 읽게 되었다.

지금껏 불평도 하지 않고, 긍정적이고, 착한 아이라고 생각했는데 이 책을 읽는 순간 나는 내가 알던 내가 아니었다. 이 책 한 권으로 독서를 다시 시작했다고 해도 과언이 아니다. 불평 없이 살아보기는 한쪽 손목에 고무 밴드를 차고 21일간 불평하는 말을 입 밖으로 내뱉지 않는 것이다. 불평하면 손목에 있는 밴드를 반대쪽 손목에 끼우고 또 21일을 지속해야 한다. 나는 '재미있겠다'라는 생각에 이 캠페인을 혼자 시작했다가 큰코다쳤다. 하루에 몇십 번을 바꾸고 있는 내 모습을 발견할 수 있었다. 노란색 고무 밴드를 너무 옮겨서 손목이 빨개질 정도였다. 그만큼 내 말 속에는 불평이 가득했다.

너무 당황스러웠던 나는 엄마에게 "엄마, 내가 평소에 불평을 많이 해요?"라고 물었고, 엄마는 당연하다는 듯이 "응, 그걸 이제 알았어?"라고 말했다. 나는 내가 책을 읽고 불평 없이 살아보기 캠페인을 하는 중인데 하루에 너무 많이 고무 밴드를 옮겨서 충격을 받았다고 말했다.

그 뒤로 나는 며칠 동안 혼자 캠페인을 진행했다. 그리고 책을 더 집중해서 읽기 시작했다. 내가 하는 행동이 책 속 사례와 문구에 너무 공감되어서 이 책을 읽는 데 많은 시간이 들었다. 캠페인을 모두 완료하진 않았지만, 그 이후로 나에겐 많은 변화가 일어났다. 불평이 나오려고 하면 '어, 내가 또 불평하려고 하네.'라며 내가 하는 말과 행동을 인식하기 시작했고, 최대한 불평을 입 밖으로 내뱉지 않으려고 노력했다.

그래서인지 주변의 가족들도 나에게 불평하는 일이 줄었다. 정말 신기했다. 불평은 불평을 불러온다는 것을 그때 느꼈다. 또 그렇게 생생하게 책을 읽은 이후로 다른 책을 볼 때도 몰입하게 되었다. 그때의 그 느낌으로, 책을 볼 때마다 하나씩 실천하기로 했다. 독서로 나만 변한 것이 아니었다. 2년 전 엄마는 독서를 시작한 뒤부터 나뿐만 아니라 만나는 사람, 친척, 사촌들에게도 독서를 해야 한다고 이야기했다. 그중 어른들은 모두 엄마의 말을 믿지 않고 듣지 않았지만, 사촌 언니와 동생들은 엄마의 말에 귀를 기울였다. 특히 사촌 언니도 명절에 만나면 표정이 어두웠고 불평이 많았다. 엄마는 사촌 언니에게 책을 읽으라고 말해주었고, 예천에 올 때마다 이야기를 듣고 조언을 해주었다.

몇 달 전 서울에 놀러 갈 일이 있어서 언니네 집에 갔더니 언니는 코로나로 인해 밖에 나가지 못해서 요즘 친구들도 만나지 않고, 책을 읽는다고 했다. 주말이면 온종일 교보문고에서 책을 보면서 시간을 보낸다고 했다. 언니는 책을 읽으면서 표정이 밝아졌고 불평도 하지 않는다. 언니뿐만 아니라 사촌 동생들도 책을 읽기 시작했다. 이번에 엄마와 내가 출간한 책도 각각 구매했다고 했다. 사촌 동생들과 우리가 모이면 책 이야기를 하고, 좋아진 점을 나누며 성장해가고 있다.

사람들은 자신은 불평도 많이 하지 않고 착한 사람이라고 생각한다. 나는 불평 없이 살아보기 캠페인을 적극적으로 추천한다. 단 하루, 1시간만 해도 자신이 얼마나 부정적인 사람이라는 것을 알 수 있다.

지금 읽고 있는 책이
미래가 된다

—

행복하게 살지 못했던 이유는 행복하게 사는 법을
모르는 사람들과 함께했고 배웠기 때문이다.

지금의 '나'는 어떻게 만들어진 것일까? 나는 내가 보고 배운 대로 만들어졌다. 작년에 엄마가 『칭찬은 고래도 춤추게 한다』라는 책을 읽고, 나에게 "영화야, 돌고래가 우리를 보면 뭐라고 생각할 것 같아?"라고 질문했다. "동물이라고 생각하지 않을까요?"라고 말했고 엄마는 "바로 그거야."라고 말했다. 나는 엄마의 말이 무슨 뜻인지 알지 못했다. 엄마는 동물의 눈으로 사람을 본다면 사람은 다른 동물로 보일 것 같다. 우리도 동물이라고 생각해야 한다고 말했다.

"바다에서 자유롭게 다니는 돌고래를 잡아서 공연장에 데려오면 손뼉도 치고, 물도 뿜으면서 공연을 할 수 있을까? 돌고래는 조련사를 만나서 조련을 받아야만 묘기를 부릴 수 있어. 우리도 똑같아. 성공한 사람들은 성공한 부모에게 배웠고, 성공한 사람들을 따랐기 때문에 성공할 수 있었던 거야. 조련을 잘하는 조련사를 만난 거지. 우리는 인생을 살아가는 방법을 모르는 조련사를 만난 것뿐이야. 중요한 건. 돌고래가 조련사를 만나면 언제가 되었든 묘기를 부릴 수 있다는 거야. 우리도 똑같아. 지금이라도 늦지 않았어. 성공한 멘토를 만나든, 책을 읽든, 경험하면서 내가 조련돼야 한다는 거야. 우리가 왜 책을 읽는지 알겠어?"라고 말했다. 나는 그제야 내가 행복하게 살지 못했던 이유는 행복하게 사는 법을 모르는 사람들과 함께했고 배웠기 때문이라는 것을 알 수 있었다.

부모님은 외할머니, 외할아버지, 할머니, 할아버지를 보고 배웠을 것이다. 살아오면서 다양한 경험을 하고, 수많은 사람을 만났다. 엄마, 아빠는 그 사람들과 환경을 통해 삶을 살아가는 방법을 배우고 터득했다. 그리고 그것을 우리에게 가르친 것이다. 부모님은 우리가 더 잘 살기를 바라는 마음에 부모님이 겪었던 시행착오를 우리는 겪지 않았으면 했다. 아빠는 언제나 무엇이든 열심히 꾸준히 해야 한다고 가르쳤고, 엄마는 책을 읽는 법을 가르쳐주었다. 독서를 해야 하는 이유는 내가 읽고 있는 책이 나의 미래가 되기 때문이다.

나는 부모님을 보면서 왜 책을 읽어야 하는지 또 한 번 느꼈다. 2년 전 엄마와 독서를 시작하면서 엄마와 나는 시간이 빠르게 흘러갔다. 아빠는 2년 전이나 지금이나 독서를 하지 않는다. 엄마는 올해 첫 번째 책을 출간하고, 어제 두 번째 개인 책을 계약했다. 11월 말에서 12월 초에 출간된다고 한다. 유튜브도 하고, 나와 함께 〈하루한권독서연구소〉카페를 운영하면서 삶이 점점 바뀌고 있는 것이 내 눈에도 보인다. 아빠는 지금도 매일 밤이면 술을 마시고 친구들과 시간을 보내는 것을 좋아한다.

책을 읽고 제일 많이 달라진 것이 있다면 엄마의 의식이다. 예전엔 엄마도 아빠와 똑같이 화를 냈고 말하며 생각했다. 그런데 책을 읽은 후로 우리의 입장도 생각해주고, 우리가 어떻게 살아야 하는지 알려준다. 치킨 가게를 할 때 아빠가 쉬는 날 없이 일하려고 해서 우리 가족은 힘들었다. 돈을 많이 벌고 싶은 것은 맞지만 우리가 돈을 위해 사는 인생 같았다. 지금은 엄마와 칼국수 가게를 하면서 쉬는 날도 만들었고, 금요일 저녁이나, 월급날이면 모여서 치킨을 시켜 먹거나, 식당에 가서 외식도 한다. 날씨가 좋을 땐 여행도 다녀온다.

두 달 전 엄마와 첫 책을 계약하고 막냇동생과 나, 엄마는 셋이서 포항으로 여행을 다녀왔다. 2년 전이라면 절대 생각할 수 없던 일이었다. 우리는 포항에 가서 조개구이도 먹고, 바다 구경도 하고, 불꽃놀이도 하면서 그 순간을 정말 행복하게 보냈다. 아빠와 함께 가지 않는 이유는 아빠는 항상 가족 여행을 가면 "가게에서 일했으면 얼마는 더 벌었을 텐데." 라는 말을 하며 우리에게 자주 화를 냈기 때문이다. 아빠는 왜 우리가 쉬어야 하고, 왜 여행을 다니고, 맛있는 것을 먹어야 하는지 모르는 것 같다. 엄마는 요즘 틈만 나면 "영화야, 엄마 너무 행복해." 하며 우리의 기분을 좋게 만들어준다. 아빠는 지금도 엄마와 내가 한 번씩 토요일에 일이 있어서 가게 장사를 쉬면 "일도 제대로 안 하고, 어딜 그렇게 다녀?" 라며 우리가 하는 일이 의미 없는 일이라고 생각한다.

엄마와 나는 치킨 가게를 하면서 몸에도 많이 무리가 갔다. 엄마는 10년이 넘게 쉬는 날 없이 아빠와 밤늦은 시간까지 일했다. 그래서인지 언제부턴가 약을 먹어도 듣지 않는 복통을 겪었다. 처음엔 아빠가 엄마와 병원도 다니고 걱정했지만, 병원에서 큰 이상이 없다는 말에 아파하는 엄마를 보고도 아빠는 조금씩 관심을 거두었다. 엄마는 너무 아파서 새벽이면 약을 먹었고, 약을 먹어도 듣지 않으면 배를 움켜쥐고 응급실로 가야 했다고 했다. 그렇게 진통제 주사를 맞고 돌아오는 차 안에서 수없이 눈물을 흘렸다고 했다. 밤새 아파서 잠을 못 잤는데 아빠에게 막내를 학교 보내달라고 하면 아빠는 화를 냈고, 막내에게 스스로 학교에 가라고 말했다. 엄마는 그런 아빠의 모습을 보면서 건강을 지켜야겠다고 생각했다고 말했다. 그 후로 엄마는 운동도 하기 시작했고, 책을 읽기 시작했다. 우리의 삶은 달라져야 한다고 말하면서.

아빠는 우리가 아프면 약도 못 먹게 했다. 그래서 아빠가 배달하러 가면 약국에 가서 약을 사 온 뒤 방 안에서 몰래 먹었다. 병원에서 입원해야 한다고 말하면 입원할 필요 없다고 링거만 맞고 오라고 말했다. 계속 일을 했더니 우리 몸은 자꾸만 지쳐갔다. 지금은 엄마와 함께 장사하면서 내가 아프다 싶으면 병원에 다녀오라고 하고, 약도 챙겨 먹으라고 말한다. "영화야, 아플 땐 약을 먹어야 해. 왜 아픈 걸 참아가면서 살아야 해? 지금 당장 내가 아픈데. 약은 나쁜 게 아니야."라고 말한다. 엄마와 내 생각과 사고, 모든 게 책을 읽고 바뀐 것이다.

책을 읽고 우리 막냇동생과 사촌 언니, 동생들 그리고 주변의 몇몇 책을 읽은 지인들의 삶이 달라지고 있다는 것을 느껴진다. 요즘엔 둘째 동생이 직장을 그만두고 집에 와서 엄마와 나의 칼국수 가게 일을 돕는다.

가게 일을 도우면서 엄마가 추천해준 책을 읽었는데 둘째 동생도 몇 달 새 많이 바뀐 것을 느낄 수 있었다. 매일 집에 오면 스마트폰만 보고, 친구들과 놀기 바빴는데 요즘엔 가게 일을 도우면서 조용해지면 책을 읽거나 자격증 공부를 한다. 친구들과 어울리기보다는 우리 가족들과 함께하는 시간이 늘었다. 며칠 전 가족 독서 모임 시간에 엄마가 둘째 동생에게 "책을 읽으니까 어때?"라고 물으니까 동생이 "책 읽으니까 잡생각도 없어지고, 새로운 것을 많이 배우는 것 같아요. 좋아요."라고 말했다.

내가 처음 책을 읽기 시작했을 때 엄마는 나에게 『절제의 성공학』을 추천해주었다. 그 책을 읽으면서 우리는 무엇을 절제하면서 살아야 하고, 왜 절제하는 삶을 살아야 하는지 배울 수 있었다. 엄마는 우리가 돈도 너무 흥청망청 쓰고, 시간도 낭비하고 있다고 말했다. 먹는 것, 자는 것, 노는 것 모든 것을 우리가 절제해야 한다고 이 책에서 말해주었고, 이 책에서 말하는 것을 조금씩 실천하면서 건강해지는 습관, 책을 읽는 습관, 음식을 절제하는 습관 등 나의 많은 습관이 바뀌었다.

나에게 필요한 것이 있을 땐 책을 읽어야 한다. 습관을 고치고 습관을 고치는 책을, 성공하고 싶다면 성공하는 법을 알려주는 책을 내가 그 책을 읽고, 그대로 행동하면 성공할 수 있다. 학창시절 시험을 잘 치고, 학교생활을 잘 하기 위해서는 교과서를 보고, 책에 있는 답대로 학교 시험지에 체크 하는 것이다. 그리고 학교 규칙에 있는 것을 지키면 학교생활을 잘하는 것이다. 사람들은 책만 읽어서는 삶이 바뀌지 않는다고 생각한다. 그러나 그것은 자신들의 생각이다. 실천해보지 않았다면 책을 읽어도 소용없다는 말을 하지 않았으면 좋겠다. 책을 읽고 변화한 사람들이 나부터 시작해서 우리 가족, 지인들까지 여러 명 있으니까.

책은 우리에게 기회를 주려고 한다. 그러나 사람들이 그것을 믿지 않고 게으름을 피우기 때문에 기회를 놓쳐버린다. 기회가 자신에게 오지 않는다고 탓하기 전에 자신이 기회를 만들어야 한다는 것을 알아야 한다. 그리고 기회를 잡았다면 행동하자. 기회보다 필요한 것은 행동이다.

우리 주위에는 우리보다 돈도 많고 스펙도 좋은 사람이 많다. 공무원이 된 친구들도 있는데 매일 힘들다고 말한다. 엄마와 나는 스펙도 좋지 않고 돈도 많지 않았다. 하지만 그런 사람들이 부럽지 않다. 행복하게 살고 있기 때문이다. 5년 후를 생각했을 때 더 행복한 사람은 엄마와 나일 것이라는 생각이 든다. 지금도 행복하게 하고 싶은 일을 하면서 살고 있지만, 미래를 위해 매일 책을 읽고 행동하기 때문이다.

3

자기계발 서적의
마니아가 되다

—

나의 시간을 함부로 내어주어서는 안 된다.
내 인생은 내가 주인이다.

내가 자기계발 서적의 마니아가 된 것은 자존감, 자기 사랑에 관련된 책을 보기 시작하면서부터이다. 특히 『가족연습』을 읽었을 땐 가슴이 뻥 뚫리고 몸이 가벼워지는 느낌을 받았다. 이 느낌을 받기까지 나는 이 책을 읽으면서 울고 웃기를 반복했었다. 내가 끄집어내기 싫었던 상처도 꺼내어보아야 했고, 내가 했던 무의식중의 행동들이 어떻게 생겨났는지 알 수 있었다. 한 장을 읽다가 힘들면 그다음 장을 보았다. 그랬더니 그 다음 장의 사례가 나의 다른 기억을 끄집어냈다. 상담사에게 상담을 받아본 적은 없지만, 이 책을 읽으면서 나는 내담자가 되어 대화를 나누고, 내 마음속에 숨겨두었던 이야기를 모두 꺼내었던 것 같다. 내가 눈치 본 이유는 어렸을 때 어른들에게 자주 혼이 나서 내가 무언가를 할 때마다

'내가 이걸 했다가 혼나면 어쩌지?'라는 생각이 들고, 무엇을 해도 '내가 잘못한 것이면 어쩌지?'라는 생각이 맴돌아 혼나지 않기 위해서 였다. 한 번 지적받아서 우울해지는 이유도 마찬가지였다. 초등학생이었던 나는 3박 4일 야영을 다녀온 적이 있었다. 집으로 돌아와 칭찬받고 싶은 마음에 내가 입었던 옷을 모두 세탁기에 돌리고 빨랫대에 널어놓았다. 그러나 그날 저녁 나에게 돌아온 것은 할머니의 화내는 소리였다. "빨래가 이것밖에 안 되는데 이걸 돌렸어? 돌리려면 이불이라도 넣고 돌리지 물세 아깝게. 어유 바보같이." 나는 그 말을 듣고 상처를 받았다.

초등학교 고학년이 되었을 땐 주말마다 실내화를 가져와서 빨았다. 나는 칭찬받고 싶은 마음에 깨끗이 실내화를 빨아서 보여드렸더니 할머니는 "가시나가 싸가지 없게 지꺼만 빨았네. 동생 것은 안 빨아주고, 남자는 손에 물 묻히는 거 아니야. 동생 꺼도 빨아."라고 말했다. 나는 주말이면 내 실내화와 동생의 실내화, 매일 저녁 내가 신은 양말과 동생의 양말을 빨아서 널었다. 중·고등학생이 되었을 땐 동생의 교복도 함께 빨아주어야 했다. 고무장갑도 끼지 못하게 해서 겨울엔 찬물로 빨래를 할 때면 눈물이 났다.

내가 성인이 되어서도 내 마음속에서 들리는 소리 때문에 어른들이 무서웠다. 나와 똑같이 생긴 사람이 매일 화낸 표정을 짓고 나를 따라다니며 내가 하는 것마다 잘못하고 있다고 말한다면 당신은 온종일 기분이 어떨 것 같은가? 내 안의 목소리는 내가 어렸을 때 들었던 말이라고 한다. 나는 책을 읽으면서 큰 충격을 받았다.

맞벌이를 하셨던 부모님은 바빴기 때문에 동생과 나는 할머니댁이나 외할머니댁에서 하루의 대부분을 보냈다. 할머니에게 혼이 날때마다 나는 스스로에게 채찍질을 했던 것이다. 자기 사랑은 나와 똑같이 생긴 사람이 사랑스러운 눈으로 나를 바라보고, 따라다니며 무슨 일을 해도, 응원해주고, 칭찬해주고, 격려해주는 것이다. 나는 자기 사랑이 정말 어려웠다. 지금도 노력하고 있다. 나를 사랑하기 위해서.

내가 책을 읽고 나를 사랑하기로 마음먹었을 때의 일이다. 엄마와 칼국수 가게를 운영하는데 우리 가게는 점심시간이 되면 손님이 몰리기 시작한다. 바쁠 때면 엄마는 평소와 다르게 예민해지기 때문에 말투가 평소와 다르다. 빨리빨리 해야 하고, 실수하지 않으려면 서로 예민해질 수밖에 없다. 내가 실수를 하면 엄마는 또 실수했냐며 화를 낸다. 그러면 나는 마음속으로 '바보야, 또 실수했어? 제발 정신 좀 차려라.'라는 말을 한다. 그러다가 『자기 사랑』 책을 봤던 것을 기억하고 '아니지, 영화야 실수할 수 있어 괜찮아. 누구나 다 실수하는 거야. 똑같은 실수 두 번, 세 번 반복하면 안 돼?'라며 나를 위로하지만, 곧 '안되지. 바보도 아니고 왜 맨날 똑같은 실수를 반복해? 2번 이상 실수했으면 그건 진짜 바보 아니야?', '나도 실수 안 하고 싶은데 자꾸 실수하게 되는 걸 어떡하냐고.'하며 천사와 악마가 다툼을 벌인다.

책을 처음 봤을 땐 이런 현상 때문에 머리가 너무 복잡했다. '내가 너무 내 편만 들면 이기적으로 변하는 거 아니야? 내가 잘못한 건 맞잖아. 그건 자기 합리화시키는 거잖아.'라는 생각이 들면서 오만가지 걱정이 떠돌았다. 마음이 답답하고, 자기 사랑이 도대체 무엇인지 고민에 빠졌다. 그 분야의 책을 꾸준히 읽으면서 깨달았다.

이 세상에 죽을 때까지 함께 할 사람은 부모님도, 동생들도, 사랑하는 사람도 아닌 나 자신이라는 것을. 내가 나를 사랑하면서 격려해주고 이해해주고 용납해주는 것이 자존감 높은 것이다. 우리 사회가 우리를 잘못 가르친 것이다. 진짜 잘 사는 것은 나답게 사는 것이다. 내가 좋아하는 것, 내가 잘하는 것, 나의 매력을 알고 만족하면서 사는 것이 잘 사는 것이다.

자존감이 낮은 사람은 없는 것만 생각한다. 나는 왜 뚱뚱하지? 나는 왜 가난하지? 나는 왜 공부를 못하지? 나는 왜 자신감이 없지? 등 사람들과 비교하면서 자꾸 나를 깎아내린다. 나를 버리려고 하지 말고, 나를 바꾸려고 하지 말자. 내가 스트레스 받는 부분이 있다면 나를 위해 바꾸면 되는 것이다.

자존감과 자기 사랑은 내가 하는 것에 따라 자꾸 바뀐다. 나는 자존감 책을 읽으면서 자존감이 많이 높아졌었다. '이제 나는 자존감이 높아졌으니 다 잘할 수 있어!'라는 생각이 들었고, 이제는 자기 사랑, 자존감에 관련된 책을 읽지 않아도 된다고 생각했다. 그렇게 나에게 사랑의 말을 해주지 않았다. 그랬더니 정말 신기하게 몇 달 만에 다시 원래의 상태로 돌아와버렸다.

나는 며칠 전 그것을 느끼고 당황스러웠다. '뭐지? 분명 몇 달 전만 해도 자존감이 높아져서 매일 행복하고, 기쁘고, 나는 성공할 수 있다고 생각했는데, 왜 갑자기 예전의 모습으로 돌아온 거지?' 많은 생각이 들면서 나는 느꼈다. '아, 나는 그때 내가 자존감을 형성했던 것이 아니라 주변에서 자존감을 높여주어서 내가 잠깐 자존감이 높아졌던 것이구나, 자존감은 내려가기도 올라가기도 하는구나, 한 번 올린다고 끝나는 게 아니구나.'를 알았다. 그것을 깨달은 이후로 다시 자기 사랑을 연습하고 있다. 이번엔 나 스스로 내 텃밭을 가꾸기 위해 노력하는 중이다.

나의 주변 사람들이 어떻게 살고 있는지 한 번 살펴보자. 내 주변의 5

명이 나의 평균이라고 한다. 나는 자기계발서를 읽으면서 내가 만나는 사람들이 조금씩 달라지기 시작했다. 책을 읽기 전에 만났던 사람들은 불평불만이 많았고, 술 먹고, 노는 것을 좋아했다. 직장 생활을 하면서 자기가 살고 있는 삶에 그럭저럭 만족하면서 사는 사람들이었다.

내가 책을 읽은 뒤 만나는 사람들은 어떻게 변화되었을까? 책을 읽고 1년 동안은 가족, 남자친구 외에 만나는 사람이 없었다. 나를 보기 위해 놀러 온 사람이 아니고서는 내가 먼저 만나자고 연락하지 않았기 때문이다. 책을 읽으면서 나에게 도움을 주는 사람, 나를 성장시켜주는 사람을 만나야 한다는 것을 알게 되었다. 특히 내 주변에는 드림킬러가 많았기 때문에 나는 더욱 만나지 않으려고 했다.

책을 읽기 전에는 옷깃만 스쳐도 인연이라고 만나는 모든 사람에게 맞춰주려고 했다. 인간관계를 잘해야만 성공할 수 있다고 배운 나는 모든 사람과 사이좋게 지내야 하고 주변에 나의 적을 없애려고 노력했다.

직장생활을 할 때, 함께 일하던 선생님이 주말이면 같이 영화도 보러 가자고 하고, 벚꽃 구경을 하러 가자고 하고, 밥을 먹자는 등 함께하기를 원했다. 나는 '같은 반에서 일하게 되었으니 함께 좋은 추억을 쌓으면 좋겠지?'라는 생각에 같이 다니기 시작했지만, 함께 다닐수록 나와 맞지 않

는다는 것을 느꼈다. 처음 몇 번의 만남은 재미있었지만 만날수록 나의
시간을 자꾸 뺏기는 느낌이었다.

책을 읽은 후 나는 자신의 꿈을 위해 앞으로 성장하는 사람들, 나의 성
장에 도움이 되는 사람들을 만나기 시작했다. 나의 시간을 함부로 내어
주어서는 안 된다. 내 인생은 내가 주인이다. 책을 읽으면서 바뀐 점은
내가 하고 싶은 말을 하고, 내가 좋아하는 일을 하고, 나를 사랑하고, 남
을 돌아볼 줄 아는 사람이 되었다는 것이다. 내가 성장하고 행복해지기
시작하니까 자꾸만 책을 더 읽고 싶어졌다. 자기계발 서적의 마니아가
되어라. 당신의 행복이 책 속에 숨어 있다.

4

책 속 경험이
나의 경험이 된다

–

독서는 인생을 변화시키는
조건이 아닌 필수이다.

내가 독서를 처음 시작하고 독서하는 것을 힘들어했을 때 엄마는 『독서 천재가 된 홍대리』를 추천해주었다. 이 책의 주인공이 독서를 시작하게 된 계기부터, 독서를 하면서 겪는 슬럼프, 독서 후 삶이 바뀐 점이 책을 읽는 나에게 많은 도움을 주었고 공감이 되었다.

이 책의 주인공인 홍대리는 처음부터 책을 읽는 사람이 아니었다. 나처럼 꼬인 인생을 살면서 어떻게 살아야 할지 모르는 사람이었다. 인생을 변화시키고 싶지만 어떻게 해야 하는지 모르고 힘들어할 때 친구가 '독서'를 하라고 이야기한다. 내가 직장생활로 힘들어하고 있을 때 엄마가 나에게 독서를 하라고 이야기했듯이. 홍대리는 인생의 변화를 바라는

데 '독서'가 답이라니 말이 안 된다고 말했고, 나도 엄마가 책을 추천해주었을 때 같은 생각을 하고 있었다.

홍대리는 친구의 권유로 진지하게 독서를 시작했지만, 독서는 쉬운 일이 아니었다. 나 또한 매일 잠이 들었고, 책을 봐도 무슨 뜻인지 이해하지를 못했다. 독서를 포기하고 싶을 때마다 엄마가 잡아주었고, 포기하고 다시 읽기를 여러 번 반복했다.

'독서는 인생을 변화시키는 조건이 아닌 필수이다.'

독서를 통해 삶이 바뀐 지금, 나는 이 말에 크게 동의한다. 내 삶을 변화시킨 데 독서가 큰 영향을 미쳤기 때문이다. 우리는 하루 세끼 밥을 먹고, 양치하고, 잠을 자듯이. 독서도 매일 꾸준히 해야 하는 당연한 습관 중 하나이다. 그런데 사람들은 독서가 중요하다는 사실을 모르고 있다.

우리는 살면서 경험하고, 사람들을 통해 일을 배웠지 책을 통해 일을 배우지는 않는다. 나는 책을 통해 내가 어떻게 개선되고 무엇을 배울 수 있다는 것인지 몰랐다. 책은 그저 책일 뿐 현실이 아니라고 생각했다.

책을 읽은 지 2년째 된 지금 나의 삶은 180도 달라졌다. 처음 독서를 시작했을 땐 25살 직장생활을 하던 어린이집 교사였다. 투덜이였고, 아침부터 잠들기 전까지 일하며 인생을 사는 의미를 모른 채 살았다. 독서를 시작하고 1년째 되는 날 나는 어린이집을 그만두고 엄마와 칼국수 장사를 시작했다. 시간적 여유가 생기니 당연히 책을 읽는 시간과 독서량이 많아졌다. 내가 책을 읽으면 읽을수록 나의 삶은 책 속 삶을 살아가고 있었다.

책 속의 경험이 현실로 나타나고 있었다. 책을 읽은 지 2년이 된 지금은 책을 출간한 작가가 되었고, 〈모녀작가TV〉를 운영하는 북튜버, 〈하루한권독서연구소〉 네이버 카페 공동대표, 강연가, 동기부여가이다.

며칠 전 엄마와 나의 첫 책이 출간되어 군수님께 인사를 드릴 겸 군청에 다녀왔다. 군수님께서 장사하면서 책을 읽는 것도 대단한데 책까지 출간했다고 하니 더욱 대단하다고 말씀하셨다. 함께 사진을 찍고 가게로 돌아왔는데 이틀 뒤 군청에서 연락이 왔다. 군수님께서 우리의 책 내용이 너무 좋다며 예천 신문, SNS에 알려주겠다고 하셨다. 내용이 좋고, 모녀작가라는 타이틀이 신기해서 중앙지에 기사가 보도될 수도 있다고 말했다. 며칠 뒤엔 가게에 칼국수도 드시러 오셨다.

신문을 보고 책을 구매하고 카페에 가입한 분들도 계셨다. 나는 우리 동네 사람들이 책을 많이 읽을 수 있다는 사실에 기뻤다. 책이 출간되면서 나의 모교인 경북도립대학교에도 찾아가 인사를 드렸다. 교수님들께서 책을 읽어보시곤 너무 잘 썼다며, 후배에게 독서의 중요성을 알려주는 강연을 했으면 좋겠다고 강의 요청을 하셨다.

오늘은 안동 KBS 리포터에게서 연락이 왔다. "감천칼국수 사장님이세요? 안녕하세요. 안동 KBS 리포터입니다. 책 출간 소식을 듣고 연락을 드렸습니다." 전화를 받고 신기했다. 방송국에서 전화가 오다니! 엄마와 나는 10월 8일 안동KBS라이도 리포터님과 녹화를 진행했고, 10월 26일에 우리의 이야기가 방송되었다.

책이 출간된 뒤로 가게에 오는 손님 중에 칼국수를 먹고 책도 구매해 가는 사람들이 있다. 우리는 사인도 해주고, 사진도 함께 찍는다. 나는 지금 작가, 북튜버, 강연가가 되어 활동하고 있다. 내가 책을 읽지 않았다면 나에게 일어나지 않았을 일들이다. 아마 어린이집 교사 생활을 하면서 매일 불평불만을 하고 있겠지.

『마시멜로 이야기』에 보면 개구리 이야기가 나온다.

햇살 뜨거운 어느 여름날 오후, 개구리 3마리가 나뭇잎에 올라탄 채 유유히 강물에 떠내려가고 있었다. 나뭇잎이 강의 중간쯤에 이르렀을 때 그중 한 마리가 갑자기 벌떡 일어나 결심했다는 듯 단호하게 외쳤다.

"너무 더워. 난 물속으로 뛰어들 테야!"

다른 개구리들은 그저 묵묵히 고개를 끄덕였다. 자, 이제 나뭇잎에는 몇 마리의 개구리가 남았을까?

"2마리요!"

질문을 받은 사람들은 대부분 자신 있는 목소리로 이렇게 대답한다. 하지만 틀렸다. 나뭇잎 위에는 여전히 개구리 세 마리가 남아 있다. 어째서 그럴까? 뛰어들겠다는 '결심'과 정말 뛰어드는 '실천'은 전혀 다른 차원이기 때문이다. 개구리는 뛰어들겠다는 결심만 했을 뿐이다. 녀석이 정말 물속을 뛰어들지, 또는 머리를 긁적이며 자리에 다시 앉을지는 아무도 모른다. 그렇다. 우리도 늘 그렇다. 어쩌면 우리는 뛰어들겠노라, 큰 소리만 치는 개구리에 불과할지도 모른다.

이 글을 읽으면 내가 꿈을 이룬 이유가 책을 읽고 책 속에서 알려준 대로 실천했기 때문이라는 것을 알 수 있다. 책을 읽으면서 다양한 시행착오를 겪었고, 그럴 때마다 또 다른 시도를 했다. 독서 노트를 쓰기도 하고, 블로그에 독서 후기를 작성하기도 하고, 유튜브에 독서 후기 영상을 올리는 등 꾸준히 책을 읽기 위해 다양한 방법을 보고 실천했다.

그렇게 실천했기에 지금의 내가 있다. 내가 사람들에게 꾸준히 책을 읽으라고 하는 이유는 나도 삶을 살아가는 희망이 없고 꿈이 없었지만, 책을 읽고 삶이 바뀐 지금 너무 행복하기 때문이다. 꿈을 향해 달려가는 인생은 너무 재미있다. 특히 반짝반짝 빛나야 할 10대, 20대가 스마트폰에 중독되어 흐릿한 눈, 축 처진 어깨로 걸어 다니는 모습을 보고 있으면 답답하고 마음이 아프다.

나는 책을 읽고, 버킷리스트도 쓰기 시작했다. '한 번뿐인 내 인생 하고 싶었던 것들을 한 번씩 해보자!'고 사고가 바뀌었기 때문이다. 책은 내가 무엇이든지 할 수 있는 사람이라고 말해주었다. 나는 내가 먹고 싶은 것, 가고 싶은 것, 하고 싶은 것을 노트와 스마트폰 메모장에 적어놓았다.

신기한 것은 버킷리스트에 적으면 하나씩 이루어진다는 것이다. 어떤 것은 빠르게 이루어지고, 어떤 것은 몇 년이 걸려 이루어진다. 중요한 것은 적은 것이 모두 이루어진다는 것이다. 책『종이 위의 기적, 쓰면 이루어진다』를 보면 '삶의 기적은 작은 노트에서 시작된다'는 말이 있다. 저자

헨리에트 앤 클라우저는 자신이 적어놓았던 꿈들이 모두 이루어진 것을 경험했다. 나도 저자를 따라 종이 위에 꿈을 적었고, 모두 대부분 이루어지는 것을 경험했다. 나의 꿈, 이루어졌으면 하는 소망을 종이에 적고 나면 가슴 속에서부터 뜨거운 느낌이 올라온다. 내가 벌써 이 꿈을 이루고 해낸 것 같은 느낌이 들고, 앞으로 무엇을 해야 하는지 머릿속에 떠오른다.

책을 읽으면 책 속의 경험이 나의 경험이 된다. 나처럼 당신도 책이 현실이 되는 것을 느껴보았으면 좋겠다.

독서는 우울했던
내 인생을 행복으로 채워주었다

—

어쩌면 우리의 빛은
주변에 항상 있을지도 모른다.

나는 학창 시절 공부는 좋아하지 않았지만 착한 학생이라고 생각했다. 내가 함께 다니는 친구들도 좋은 친구, 착한 친구들이라고 생각했다. 그러나 그것은 내 생각이었다는 것을 주변 사람들을 통해 알게 되었다. 나는 학교에서 공부 안 하는 친구들과 어울려 다녔고, 가정환경이 어려운 친구들, 부모님과 다투는 아이들, 밤늦게까지 노는 친구들과 다녔다.

나는 친구들처럼 행동하지 않으니까 같이 다니기만 하는 것일 뿐이니까 착한 학생이라고 생각했다. 그땐 몰랐다. 내가 함께 다니는 사람이 내가 된다는 것을. 나는 친구들과 어울리면서 학교에서 매일 선배들에게 불려갔다. 나의 친구들은 나쁜 아이들이 아니었다. 집에 들어가는 것이 싫었고, 의지할 곳이 없었고, 공부가 재미없어서 인생을 어떻게 살아야 하는지 모르는 방황하며 사는 10대였다. 공부는 하지 않았고, 매일 서로 불만 불평만 이야기하고, 세상이 불공평하다고 이야기했다. 우리가 힘들게 사는 이유를 몰랐고, 어떻게 하면 행복하게 살 수 있는지도 몰랐다.

고등학교 1학년이 되었을 때 두근거리는 마음으로 입학했지만, 우리의 생활은 녹록지 않았다. 중학생 때부터 동네를 방황했던 우리는 주변의 선배들에게 소문이 나 있었다. 싸우거나 누군가를 괴롭힌 적도 없다. 그저 방황하며 모여 다닌 것뿐이었는데 선배들은 우리를 좋지 않게 보았던 것이었다.

1학년 청소 시간이 되면 매일 여자 화장실로 불려가서 일렬로 줄을 섰다. 나는 너무 무서워서 다리가 후들거렸다. 옆에 있던 친구가 덜덜 떨고 있는 나를 보며 "야, 가만 좀 있어. 내가 다 떨리잖아."라고 말할 정도였다. 우리가 불려간 이유는 선배마다 각양각색이었다. 인사를 90도로 똑바로 하라는 둥, 남자 선배들에게 꼬리치지 말라는 둥, 학교에서 모여 다니지 말라는 둥의 이야기였다.

하루는 초등학교 뒷골목으로 불려갔었다. 영문도 모른 채 집합하라는 선배의 말에 시간에 맞춰서 학교 뒤로 갔다. 선배들에게 이름이 불린 몇 몇 친구들은 더 깊은 골목으로 갔고, 그곳에서 선배들에게 뺨을 맞거나 발로 차이고 욕을 먹었다. 한 친구는 코피가 났고, 다른 친구는 머리카락을 잘릴 뻔했다. 나는 그런 상황이 처음이었기에 너무 놀라서 눈물이 줄줄 흘렀다. 선배들이 가고 나서 우리는 아지트로 향했다. 친구의 피를 닦아주고 서로 부둥켜안고 눈물을 흘렸다.

어디에서도 인정받지 못하는 아이들, 누구도 돌봐주지 않는 것 같은 외로운 느낌, 친구가 인생의 전부라고 생각했던 것 같다. 나는 맞아서 엉엉 울고 있는 친구를 토닥여주었다. 옆에서 듣기만 해도 무서운데 직접 경험했던 친구는 얼마나 억울하고 무서웠을까. 세상에 살다 보면 억울한 일을 참 많이 겪는다. 그 시절 친구들과 함께 다니며 나 또한 문제아로 찍혔고 억울한 일을 많이 당했다.

대학을 가서도 이런 일은 반복되었다. 대학에 들어가면 공부를 하지 않아도 된다는 생각에 대학교 1학년 중간고사 때 공부를 하지 않았다. 통학했던 나는 기숙사 친구들이 어떻게 지내는지 몰랐고, 기숙사에서 지냈던 친구 A는 나에게 아무도 공부하지 않는다고 말했다.

친구에게 연락할 때마다 스마트폰 게임을 하고 있다고 말하니 '나만 안 하는 게 아니구나.'라는 생각이 들었다. 시험 성적 결과가 나왔을 때, 나는 충격을 받았다. 분명 공부를 하지 않는다는 친구는 A, A+가 전부였고, 나는 B하고 C가 전부였다. 충격을 받았다.

"너희 공부 안 했다며?"라는 나의 말에 A는 "안 하려고 했는데 갑자기 애들이 새벽부터 공부하는 거야. 그래서 나도 하기 시작했지 뭐. 그리고 시험 기간인데 한 번은 볼 줄 알았지."라는 친구의 말에 화가 났다. 친구에게 화가 나기보다는 그 친구의 말만 믿고 공부하지 않은 나에게 화가 났다.

그런데 문제는 그다음부터였다. 친구들은 '장학금만 받으면 되지!'라고 하면서 수업을 듣지 말고 벚꽃 구경을 하러 가자고 하거나 카페에 가자고 이야기했다. 그러면 나는 친구들을 따라 수업을 듣지 않고 놀러 다녔다. 다음 날 학교에 가면 교수님들은 모두 내가 주동자로 보는 것 같았다. 왜냐하면, 친구들은 모두 성적이 좋았고, 나는 성적이 나빴기 때문이다. 나는 억울했다.

대학교 3학년이 되면서 나는 다른 친구들과 어울리기 시작했고, 교수님들은 그제야 내 친구들을 다시 보게 되었다. 나는 꾸준히 공부해서 졸업할 때까지 장학금을 받았고, 학교생활도 착실히 했다. 그런데 전에 같이 다녔던 친구들은 늦잠을 자서 학교에 지각하는 날이 많았고, 강의 시간에 잠을 자는 등 학교에 빠지는 날도 많았다.

엄마는 책을 읽으면서 그때의 이야기를 해주었다. "영화야, 예전에 네가 만났던 친구들을 생각해봐. 매일 가출하고 밤늦게까지 돌아다니는 아이들. 그 아이들이 나쁘지 않은 건 알고 있어. 악의가 있는 애들은 아니야. 세상 사는 방법을 모르는 거지. 그런데 그 아이들과 다니면서 영화에게 억울한 일이 많이 있었어. 그게 세상이야. 사람들은 네가 함께 다니는 사람, 너의 겉모습을 보고 너를 판단하는 거야. 그래서 친구도 잘 사귀어야 하는 거고. 예전에 엄마가 왜 그만큼 어울리지 말라고 했는지 알겠지?"라고 말했다.

나는 책을 읽고 만나는 사람들도 달라지기 시작했고, 내가 하는 일이 모두 잘 되고 있다는 것을 느꼈다. 특히 마음속에 자리 잡고 있던 답답함이 책을 읽고 모두 내려갔다. 책을 읽기 전에 나는 불평을 자주 했고, 화가 많았고, 눈물이 많았다. 이 세상이 마음대로 되지 않아서 답답했고 눈물을 자주 흘렸던 것 같다.

요즘엔 세상이 나를 위해 돌아간다는 생각이 들 정도로 행복하다. 책 한 권 읽었을 뿐인데 삶이 어떻게 이렇게 바뀌었을까? 나도 가끔 변화한 나의 모습을 발견하고 놀란다.

삶이 바뀌는 것을 느끼면서 나는 하루에 한 장이라도 꼭, 책을 읽으려고 노력한다. 책이 내 삶에 큰 영향을 미친다는 것을 알기 때문이다.

한 장, 두 장 글을 읽다 보면 나의 마음을 되돌아보게 되고, 나의 상처를 치유하게 된다. 마음속에 상처가 가득한 사람은 다른 사람의 상처도 보살펴주지 못하고, 사랑해주지 못한다고 한다. 나는 그 글을 보는 순간 나부터 치유해야겠다는 생각이 들었다.

내 주변 사람들, 나에게 가장 소중한 사람들에게 자꾸 상처를 주고 있다는 생각이 들었고, 지금의 생각과 사고로 아이를 낳는다면 그 아이들은 분명 나와 같은 아픔을 겪을 것이라는 생각이 들어서 그때부터 치유, 자기 사랑, 자존감에 관한 책을 읽었다.

헤르만 헤세의 책 『독서의 기술』에서 그는 이렇게 말했다.

"독자들에게 불꽃같은 에너지와 젊음을 맛보게 해주지 못하고 신선한 활력의 입김을 불어 넣어주지 못한다면, 독서에 바친 시간은 전부 허탕이다. 한 권 한 권 책을 읽어나가면서 기쁨이나 위로 혹은 마음의 평안함이나 힘을 얻지 못한다면, 문학사를 줄줄 꿰고 있다 한들 무슨 소용인가? 또한, 우리는 자신의 일상을 잊고자 책을 읽어서도 안 된다. 그 반대로 더 의식적으로, 더 성숙하게 우리의 삶을 단단히 부여잡기 위해 책을 읽어야 한다."

이 글을 통해 우리는 책을 읽어야 하는 이유를 알 수 있다. 책을 읽는 이유는 나의 삶을 성숙하게 만들기 위해서이다. 현실을 회피하는 것이 아닌 그 문제들을 마주하고, 어떻게 긍정적으로 해결할 수 있는지 가르쳐주는 것이 책이다.

나는 이 세상이 어두운 곳이라고 생각했다. 학창시절 학교가 끝나고 야간 자율 학습을 끝내면 11시였다. 가로등이 듬성듬성 있는 골목길을 지나면 나는 무서워서 밤하늘을 올려다보았다. 내가 있는 곳이 어두워질수록 밤하늘은 별들로 가득 찼다. 그때 집으로 걸어가면 하나도 무섭지 않다는 생각이 들었다.

어둡다고 생각했던 하늘을 자세히 들여다보니 별이 반짝이고 있었다. 나의 인생도 어둡다고 생각했지만, 책을 읽고 내 인생의 고난과 역경들이 빛이었다는 사실을 알게 되었다. 희망이 보이지 않는 순간에도 꾸준히 진정으로 책을 읽는다면 당신의 인생은 별빛 바다를 발견할 수 있다. 밤하늘에 별이 가득 차서 쏟아져 내릴 것 같은 장면을 본 적 있는가? 나는 그날 밤에 보았던 별을 잊을 수 없다.

그 후로 나는 맑은 날이면 자주 밤하늘을 올려다본다. 어쩌면 우리의 빛은 주변에 항상 있을지도 모른다. 사람들은 먹구름 낀 날 하늘을 올려다보고 별이 뜨지 않았다고 말한다. 먹구름이 지나가면 나를 비출 텐데 그것을 기억하지 못하는 것 같다. 힘든 날도 있지만, 역경을 지나고 나면 더 큰 희망이 돌아온다. 책을 읽고 나는 내가 겪은 모든 시련을 축복으로 바꾸었다.

6

책을 읽으면
꿈이 생긴다

—

책을 읽으면서 꿈을 꾸었고,
그 꿈이 이루어지기 시작했다.

처음 책을 읽고 1년에 50권 읽기에 도전했을 땐 책을 읽는 목표가 있었고, '내가 이렇게 많은 책을 읽었다니!' 하며 뿌듯한 마음도 들었다. 그런데 책을 1년 읽고 난 후 나에겐 아무런 변화가 일어나지 않았다는 것을 느꼈다. 좋은 생활 습관도 자리 잡고, 매일 책도 읽지만 크게 변한 것이 없다는 것을 느낀 나는 책을 읽지 않기 시작했다. 내가 책을 읽었지만 나에게 변화가 없으니까 읽을 필요가 없다고 생각했기 때문이다.

운동하든, 공부하든, 자격증을 따든 어떤 일을 하다 보면 슬럼프가 찾아온다. 나는 책 슬럼프가 온 것이다. 마음이 답답하고 부정적인 생각이 계속 들던 나는 '슬럼프'라는 단어가 떠올랐다. 인터넷에 슬럼프를 극복하는 법을 찾아보았다.

첫째, 지나치게 많은 것을 감당하려고 하지 말자. 나는 모든 일을 내가 해내야 한다는 사고를 하고 있었다. 그래서 내가 바쁜 와중에도 누군가에게 나누어주는 법을 몰랐다. 많은 것을 하려고 하니 성과가 떨어지고, 에너지가 소비되어 자꾸 몸이 방전되었다. 나의 시간이 부족하다면 남과 나누어서 해야 한다. "못하겠어요. 너무 일이 많아요. 혹시 이것 좀 해줄 수 있어요?"라고 말하면 된다.

둘째, 지나치게 자신을 채찍질하지 말자. 나는 나에게 채찍질을 매일 하루에 수십 번 했다. 몸이 말을 듣지 않는데 자꾸만 채찍질해서 일으키려는 것이다. 그러면 그럴수록 나는 일이 더욱 하기 싫고 책을 읽기 싫어졌다. 이럴 땐 나의 부정적인 감정을 다시 돌아보고 명상하는 것이 많은 도움이 되었다. 쉬고 싶을 땐 쉬어야 한다. 채찍질은 역효과를 만들 뿐이다.

셋째, 완벽주의자가 되기보다 현재에 만족하는 사람이 되자. 나는 완벽하지 못하면서 완벽주의자가 되기 위해 노력했다. 우리는 평생 완벽해질 수 없다. 이 세상에 완벽한 사람도 없다. '지나친 것은 모자란 것보다 못하다'는 말이 있다. 나 혼자 해야 할 것 같고, 어떻게든 실수하지 않으려고 노력하다 보면 진이 빠지고, 업무 속도도 더뎌진다. 너무 많은 것을 해내려고 하기보다 내가 할 수 있는 것에서만 하려고 하자.

넷째, 성과를 기록해두자. 며칠 동안 책을 읽지 않고, 다시 예전으로 돌아가는 모습을 발견한 엄마는 나에게 "영화, 요즘 왜 독서 안 해?"라고 말했다. 내가 독서에 재미를 느끼지 못하고, 내 삶에 변화를 못 느낀다고 말하자 엄마는 "영화야, 독서할 때 노트에 적어서 읽어봐. 그러면 달라진다니까?" 하고 말했다.

나는 엄마가 그렇게 말하는 데는 이유가 있겠지 싶어서 그 뒤로 독서 노트를 쓰기 시작했다. 그때부터 나의 삶이 많이 달라졌다. 독서 노트에 적으면 내가 책에 있던 내용을 더 오래 기억하게 되었고, 내 생각을 적었더니 사고가 확장되어 일의 능률도 높아졌다. 또 독서 노트에 적은 것은 내가 실천하게 되었다. 내가 어떤 책을 언제, 얼마나 보았는지와 독서량을 볼 수 있으니 성과가 보여 더욱 열심히 읽게 되었다. 좋은 기록이든 좋지 않은 기록이든 나에게 모두 도움이 된다. 그리고 매일 저녁에 쓴 '감사 일기'가 나에게 많은 도움이 되었다.

독서할 때 가장 중요한 것은 실천이다. 아무리 책을 많이 읽고 많은 것을 알고 있어도 실천하지 않으면 '박학다식한 바보'일 뿐이다. 책을 꾸준히 읽고 실천하다 보니 책 내용이 내 삶이 되어 있었다. 이것을 나만 느낀 것이 아니었다. 엄마는 처음 독서를 시작했을 때 도서관에서 책을 빌려 읽었다. 그때 『유대인 엄마의 힘』이라는 책을 읽었는데 "영화야, 엄마는 왠지 여기 여자분처럼 성공하고, 너희도 이렇게 성공할 수 있을 것 같다는 생각이 들어."라고 말했고, 2년이 지난 지금 더 많은 책 속 사례를 말하면서 엄마는 우리가 책과 같은 삶을 살고 있다고 말했다. 책을 읽으면서 꿈을 꾸었고, 그 꿈이 이루어지기 시작한 것이다.

엄마는 몇 년 전부터 꿈을 찾기 위해 언제나 무언가를 했다. 에어로빅을 다니고, 화실을 다니며 미술대회에 출전하기도 했다. 에어로빅도 그렇고, 화실도 엄마가 처음 몇 년 동안은 정말 열심히 하고, 재미있어 보이기도 했다. 특히 화실을 다닐 때 엄마는 새벽까지 그림을 그리며 재미있어 하셨다. 독서를 할 때처럼, 잠자고, 밥 먹고, 일할 때 빼고 모든 시간을 그림 그리기에 쏟아부었다.

열심히 한 덕분에 엄마는 미술을 배워본 적도 없었지만, 대회에 나가서 상을 타기도 했고, 화실에서 여는 전시회에 참여하기도 했다. 그림을 그리며 행복해하는 모습을 보고 나도 기뻤다. 게다가 주변 사람들이 엄마가 그림을 그린다고 하니 대단하다고 이야기해서 나는 꾸준히 엄마가 그림을 그렸으면 했다. 5년이 지나고 어느 순간 엄마의 화가라는 꿈이 시들해지고 있다는 생각이 들었다. 그림을 그리는 것보다 더 나은 자신을 성장시키는 무언가가 필요하다고 이야기했다.

그때 엄마는 책을 찾았다. 책을 읽으면서 엄마는 꿈을 찾기 시작했다. 그 꿈은 상상 속에서만 존재하는 꿈이 아닌 현실로 이루어질 꿈이었다. 책을 읽고 사고가 바뀐 엄마는 자신의 성장에 도움이 되는 일을 하기 시작했고, 책에서 알려주는 대로 인생을 살기 시작했다. 엄마는 책을 읽고, 막냇동생을 미국으로 교환 학생 보내겠다는 생각을 했다. 우리 동네는 시골이어서 교환 학생을 생각하는 사람도 없었고, 아빠는 아이를 위험하게 1년씩이나 외국에 보낸다며 화를 내셨다.

엄마는 아빠의 반대에도 막냇동생의 '교환 학생' 꿈을 꾸었다. 올해 막냇동생은 교환 학생을 가기 위해 준비하고 있다. 가끔 우리끼리 모여 농담 삼아 '누나나 형이 막내로 태어났으면 교환 학생에 영호가 가지 못했을 거야.'라고 말한다. 그만큼 책을 읽은 엄마의 사고는 많이 바뀌었고, 우리의 꿈도 바뀌고 있다. 나는 엄마가 매일 성장하는 모습이 보기 좋다. 엄마가 성장할수록 내가 성장하는 것을 느낄 수 있고, 엄마의 삶을 사는 것이 보이기 때문이다.

책을 읽기 전엔 우리 때문에 산다는 말을 많이 했다. '너희 아니면 이렇게 힘들게 일할 필요가 없다. 너희 때문에 산다'고 했다. 그 말은 부모님을 보고 열심히 해라, 힘을 내라는 것이었지만 우리에겐 부모님의 짐이 되는 것 같아 미안해지는 말이었다. 엄마가 에어로빅, 화실을 다니고, 책을 읽기 시작하면서 우리보다는 엄마의 삶에 관심을 두는 것이 보였다. 주변의 친구들도 "너희 엄마 진짜 대단하시다. 우리 엄마는 맨날 집에서 잔소리만 해. 우리 엄마는 나한테 관심이 너무 많아. 진짜 힘들어."라고 말한다.

 책을 읽고 꿈을 찾은 엄마는 우리에게 "나는 내 삶을 살 거야. 내가 하고 싶은 것도 하고, 내 꿈도 이룰 거야. 엄마가 된다고 해서 꿈을 이루지 말라는 법은 없더라고. 너희는 커서 다 자신의 삶을 살 텐데 나는 계속 너희만 보고 살 수 없잖아. 너희도 엄마가 꿈을 찾고 이렇게 생활하는 게 더 좋지?"라고 말한다. 나는 엄마의 이런 모습이 정말 보기 좋다. 엄마가 우리 3남매에게 꾸준히 책을 읽으라고 하는 이유는 책을 읽고 꿈을 찾았기 때문이다. 우리에게 꿈이 있어야 삶을 살아가는 희망과 의욕이 생긴다고 말한다. 꿈을 찾은 엄마의 모습을 보면 매일 반짝반짝 빛이 난다. 요즘 아침에 출근할 때면 주변의 할머니들이 엄마를 보면서 "새댁은 점점 젊어지는 것 같아. 아가씨 같구먼." 하고 이야기하신다.

 엄마는 꿈을 찾기 시작하면서 점점 자신을 꾸미고, 돌아보기 시작했다. 자식을 키우고 자식만 바라보다 보니 자신을 신경쓰지 않았다는 것을 느꼈다. 나는 주변에서 엄마에게 점점 예뻐지고, 멋있다고 말할 때마다 더 기분이 좋아진다. 나에겐 꿈이 있는 엄마가 있다. 꿈이 있는 사람과 함께한다는 것은 멋진 일이다. 책을 읽고 있는 당신도 나이가 많든 적든 꿈을 찾았으면 좋겠다. 나의 책을 읽고 꿈을 찾을 수도 있고, 다른 책을 읽고 꿈을 찾을 수도 있다.

책은 꿈을 담아놓은 보물 상자 같다. 우리는 보물 상자를 찾기 위해 다양한 경험을 해야 한다. 보물 지도를 들고 보물 상자를 찾으러 가야 한다. 책을 읽기까지 우리는 고난과 역경을 겪는다. 그리고 마지막으로 선택하는 것이 책이었다. 힘든 인생을 살다가 책을 만나서 성공한 사람들을 보면 알 수 있다. 고난과 역경을 겪다 보면 우리는 성장하게 되고, 책이라는 보물을 만나 성공하게 된다.

7

SNS를
시작하다

–

SNS는 일상을 공유하는 것이 아니라
사람들에게 희망을 주는 것이다.

작년에 다니던 어린이집을 그만두고 엄마와 칼국수 가게를 시작했다.
처음 몇 개월 정도는 칼국수 가게 일이 서툴러서 적응하는 시간이 필요
했다. 어느 정도 일이 적응되자 나에게 여유가 생기기 시작했다. 점심 장
사를 끝내고 나면 저녁 시간이 되기 전까지 자동으로 쉬는 시간이 만들
어졌다.

3~4시간 동안 책을 읽었는데, 독서 말고 내가 또 무언가를 할 수 있
는 게 없을지 생각하다가 찾게 된 것이 네이버 블로그였다. 블로그를 하
면서 부업으로 돈을 벌 수 있다고 하니 나에겐 일거양득이었다. 엄마가
100만 원을 빌려주었고, 가게 리모델링비를 주고 남겨두었던 200만 원

을 여기에 투자했다.

온라인으로 블로그 하는 법을 배웠고, 나는 '엉아의 또바기 이야기'라는 블로그를 시작했다. 나의 일상, 취미, 엄마가 해주는 요리법, 독서 후기, 내가 읽는 책을 등을 포스팅하면서 처음엔 블로그에 이웃도 생기고, 사람들에게 나의 이야기를 하는 것이 재미있었다. 이웃의 블로그를 방문하면서 많은 정보도 얻을 수 있었다. 그렇게 몇 개월을 보냈지만 중요한 건 돈을 어떻게 벌어야 하는지 모르는 것이었다. 300만 원을 들였는데 이웃 수만 300으로 늘어나고 있었다. 이웃이 늘어나면서 나의 시간은 줄어들기 시작했고, 블로그에 글을 올리는데 많은 시간이 걸렸다. 나는 흥미를 잃어가기 시작했다.

사람들이 직장에 다니는 이유는 힘들고 괴로워도 돈을 주기 때문에 다니는 것이다. 매달 받은 월급으로 내가 이번 달에도 열심히 일했다는 생각이 든다. 회사에서 돈을 주지 않는다면 사람들은 직장에 다닐까? 다니지 않을 것이다. '나는 돈을 들였는데 돈을 벌지 못하자 이걸 계속해야 하나?'라는 생각이 들었다. '돈은 들였는데, 벌긴 벌어야 하는데 큰일이다.'라고 생각하던 중 유튜브에서 '네이버 블로그는 하지 마라. 유튜브를 시작하라!'는 문구를 보았다. 나는 자기 합리화를 하기 시작했다. '그래, 블로그는 이제 끝나가는데 시작해서 돈을 못 버는 것이었어! 지금 당장 유튜브를 시작하자!'라는 생각이 들었다. 평소에 책을 매일 읽으니까 나는 '북튜브'를 하자는 생각이 들었다. 네이버는 내가 수익 글을 올려야지만 돈을 벌 수 있었는데 유튜브는 정말로 내가 올리고 싶은 영상을 사람들이 좋아해주면 돈을 벌 수 있다는 것이었다.

유튜브를 시작하려고 마음은 먹었는데 문제가 생겼다. 글을 써서 올릴 땐 사진을 올리는 것이어서 부끄럽거나 어렵지 않았다. 유튜브 영상을 찍으면서 한숨이 나왔다. 카메라를 보며 영상을 찍는데 내 모습이 너무 낯설고 어려웠다. 편집도 쉬운 일이 아니었다. 내가 이런저런 고민을 하던 중 엄마가 먼저 〈정미숙TV〉라는 채널로 북튜브를 시작했다. 엄마에게 PPT로 영상 제작하는 법, 녹음하는 법, 유튜브 개설부터 방법들을 모두 알려주었다.

엄마가 시작하고 구독자가 늘면서 내가 더 설레는 것을 느꼈다. 그러면서 나도 할 수 있겠다는 생각이 들어서 다음 날 바로 '슬기로운 독서생활' 채널을 만들어 시작했다. 영상을 찍어 올리는 것이 부끄러워서 처음엔 PPT로 시작했지만, 작가가 되면서부터 나는 앞으로 강연도 할 것이고, 수많은 사람 앞에 나서야 하니까 얼굴을 보이고 찍어보자는 생각이 들었다. 그 뒤로 조금씩 연습하면서 나는 영상을 찍어 유튜브에 올리고 있다.

작가가 되면서 나는 SNS를 시작했다. 평소에 다른 사람이 올려놓은 것만 구경하던 내가 인스타그램, 페이스북에 나의 일상을 공유하기 시작했고, 엄마와 네이버 카페 〈하루한권독서연구소〉를 만들어서 독서를 어려워하는 사람들, 책으로 소통하고 싶은 사람들을 위해 운영하고 있다. 또 블로그 '꿈꾸는 모녀작가'를 통해 사람들에게 모녀작가의 일상도 공유하고 있다. SNS를 시작했더니 주변에서 다양한 연락이 왔다. 나의 책을 읽고 공감을 받았다며 독서의 중요성을 알았다는 글을 보고 힘이 났다. 책을 쓰길 정말 잘 했다는 생각이 들었다. 인스타그램 DM, 이메일, 유튜브 댓글, 카페에 사람들이 글을 보내기 시작했고, 나와 소통하는 길이 생겼다.

요즘엔 인스타그램에 모르는 사람들이 자꾸 나를 태그하기에 들어가 보았더니 나의 책을 읽은 독자분들이 독서 리뷰를 올리고 나를 태그한 것이었다. SNS를 하지 않았다면 모를 수도 있었는데 덕분에 내 책에 대한 평가와 글을 볼 수 있었다.

그 뒤로 SNS에 사람들이 나에 대해 올린 글을 보기 시작했다. 특히 『하루 한 권, 독서의 힘』책을 출간했을 땐, 온라인 서점 리뷰, 인스타그램, 페이스북, 블로그에 들어가서 나의 글을 읽어보았다. SNS를 통해 나는 많은 것을 느낄 수 있었다. 사람들에게 나의 일상과 생각을 공유하는 것으로만 생각했는데 그것뿐만 아니라, 도움이 되는 글, 정보를 알려주는 글, 응원 메시지, 격려와 같은 글을 보면서 SNS는 그냥 일상을 공유하는 것이 아니라 사람들에게 희망을 주는 공간이라는 생각이 들었다.

이 글은 YES24에 올라온 나의 개인 저서『삶의 근육을 키우는 하루 한 권, 독서의 힘』에 대한 독자의 리뷰 중 일부이다.

"저자의 책을 읽으면서 책을 읽어야겠다는 동기 부여가 분명하게 되었다. 저자는 10대, 20대를 방황하며 어떻게 살아야 하는지 몰랐다고 했다. 그는 꿈을 잃고, 꿈이 없었다. 그런데 독서는 그에게 꿈을 찾아주었고, 어떻게 살아야 하는지에 대한 방향을 갖게 했다."

지금은 독서의 힘을 전하는 동기 부여 강연가로 활동하고 있다. 독서의 힘은 대단하다. 독서의 힘은 경험하지 않는 이들은 알 수 없다. 독서의 힘을 경험했던 저자는 하루빨리 독서의 길을 걷기를 권면하고 있다. 독서만이 새로운 길을 열어가는 힘이기 때문이다.

저자는 이 책을 통해 독서법을 나누고자 한다. 자기만의 노하우였지만 독서를 하고자 하는 이들과 함께 공유하고자 한다. 독서는 나만의 길을 걷게 하기 때문이다. 동기 부여를 통해 독서의 길을 걷는 이들이 많다.

그런데 지속하지 못한다. 독서의 길은 평생 걸어야 하는 길이기도 하지만 때로는 슬럼프에 빠져들게도 한다. 감정의 기복이 있던 것처럼 독서의 길 또한 높고 낮음에 대한 굴곡이 있다.

이를 극복할 수 있는 길은 독서법이다. 저자가 말하는 독서법을 가지고 독서의 길을 걷는 이들은 슬럼프가 오래가지 않을 것이다. 처음에는 저자를 통해 배웠던 독서법이 나만의 독서법으로 발전되기 때문이다. 저자는 독서를 통해 더 넓은 세상을 만나고 있다고 말한다. 독서는 우리가 경험하지 못했던 수많은 것을 경험하게 한다. 나만의 독서법을 찾아 떠나는 여행 중에 저자의 책을 꼭 챙겨가기 바란다.

나만의 독서법을 찾기 전에는 저자의 독서법의 도움을 받아야 한다. 지금은 저자의 독서법이 나의 나침반이 되어야 한다. 오늘도 저자는 한 권의 책 속에 있을 것이다. 아니 새로운 세계에 있을 것이다. 그 세계 속에서 자유와 기쁨을 누릴 것이다. 우리도 이와 같은 자유와 기쁨을 독서를 통해 경험하리라 기대해도 된다. 저자는 우리에게 독서의 힘과 독서의 길을 제시해주고 있다.

나는 요즘 독자분들이 쓴 리뷰를 자주 본다. 매일 새로운 후기가 올라오는 이유도 있지만, 리뷰를 통해 사람들이 어떤 어려움을 겪고 어떤 것에 공감하는지 보기 위해서이다. 두 번째 저서인『1년에 200권 읽으면 일어나는 일』을 쓴 것은 사람들에게 필요한 정보를 적고, 첫 번째 책에서 쓰지 못한 것을 알려주고 싶기 때문이다.

  내가 SNS를 시작하지 않았더라면 사람들이 올려준 나의 글을 몰랐을 것이다. 또 사람들은 작가는 어떤 삶을 사는지, 어떻게 책을 쓰고, 독서를 하는지 모를 것이다. 나의 일상을 공유하면서 사람들이 신기해하고, 공감하는 것이 재미있고 즐겁다. 내가 SNS를 하고 있기에 사람들이 나의 글을 올린 것도 알 수 있었고, 독자들이 필요로 하는 것을 알 수 있었다.

8

내 이름으로 된
책을 쓰고 싶어졌다

—

책을 통해 '작가'라는
직업을 선택했다.

나는 올해 4월에 김태광 작가님의 『100억 부자의 생각의 비밀』이라는 책을 읽었다. 그 책을 읽으면서 엄마에게 "엄마, 나도 작가가 될래요."라고 말했다. 내가 작가의 꿈을 꾸게 된 것은 어린이집을 다닐 때 아이들에게 동화책을 읽어주면서부터였다. 동화책을 읽어주면서 '동화책이 아이들뿐만 아니라 어른들에게도 많은 도움이 되는구나. 우와, 어떻게 이런 지혜를 아이들이 이해할 수 있게 썼지?'라는 생각이 들었고 나도 동화책을 쓰고 싶다는 생각을 했다. 2년 전에 나는 만화책, 소설책 보는 것을 그만두고 동화책과 에세이, 탈무드 지혜같이 보기 쉽고, 내가 무언가를 깨달을 수 있는 책을 좋아했다. 특히 어린이집 교사로 일하면서 매일 동화책을 보아서인지 동화책에 관심이 갔고, '어떻게 하면 동화책을 쓸 수 있을까?' 생각했다. 아이들과 함께 있으면서 나는 아이들의 잘못된 생활 습관, 잘못된 인식을 바꾸는 책을 동화책으로 쓰고 싶었다. 특히 영아들의 경우에는 친구를 깨물고, 꼬집고, 물건을 던지는 행위를 자주 했다. 말로 표현하기 어려우니 행동으로 자신의 의사를 표현하는 것이었다. 내가 3세반 교사로 있을 때, 신기한 경험을 했다. 3세 아이들이 동화를 듣는 것이었다.

실습하는 동안 5~7세만 보았던 나는 영아들은 집중할 수 없다고 생각했는데 3세 아이들이 앉아서 선생님이 읽어주는 동화를 끝까지 듣는 모습을 보고 놀랄 수밖에 없었다. 그리고 동화 속의 내용을 듣고 이해하고, 동화를 통해 친구의 마음을 이해하고, 어떤 행동을 하지 말아야 하는지 깨닫는 것 같았다.

교사 생활을 하면서 아이들이 특정 행동을 할 때, 그 주제로 책을 써보기 위해 아이들의 행동을 교사 수첩에 모두 적어놓았다. 물건을 훔치는 아이, 따돌리는 아이, 친구들에게 욕하는 아이, 손톱을 물어뜯는 아이, 자신의 의사를 눈물로 표현하는 아이 등 아이들의 이런 행동 특성들을 살피기 시작했고, 아이들에게 어떻게 하면 이러한 주제로 동화를 써서 알려줄 수 있을지 많이 고민했다. 중요한 건 고민만 할 뿐 동화책을 쓰는 방법을 몰랐고, 직장생활에 부모님까지 도와드리며 바쁜 나날을 보내면서 동화 작가의 꿈은 잊혀갔다.

어린이집 교사 3년 차가 되었을 때 작가의 꿈이 다시 생겼다. 학부모님들이 육아하는 것을 어려워한다는 것을 알게 되었다. 부모들은 아이들을 놀아주는 것이 귀찮은 것이 아니라, 아이들을 어떻게 놀아주는 것인지 모르는 것이었다.

교사 면담 시간 "우리 아이가 말이 느려요. 선생님, 옆집 G는 말도 잘하고, 자기 의사 표현도 하는데 우리 애는 무슨 말을 하는지 전혀 못 알아듣겠어요."라고 말하는 학부모님도 있었다. 나는 "어머니, 아이와 평소에 이야기를 많이 나눠주시면 돼요. 그리고 아이마다 성장하는 속도가 달라서 집에서 부모님이 말도 많이 걸어주고, 책을 읽어주면서 이야기 나누면 금방 말이 늘 거예요."라고 말했다.

학부모들이 아이가 4세가 되면 걱정하는 것이 말하는 것과 배변 훈련이다. 아이가 말을 하고 의사소통이 시작하면 배변 훈련이 가능해진다. 1학기 땐 아이들이 말을 빨리하는 것에 엄마들의 관심이 많다. 아이가 말을 빨리 했으면 하는데 어떻게 해야 아이가 말을 빨리 할 수 있는지는 제대로 알지 못하는 것 같았다. 아이가 말을 빨리 하게 하려면 엄마가 그만큼 아이에게 많은 단어를 말 하고, 아이가 말할 수 있도록 도와주어야 한다. 그런데 부모들은 스마트 기기에게 아이들의 육아를 맡기고 있었다. 스마트기기가 좋은 것은 알지만 과연 아이들이 말을 빨리 하고, 공부하는 데 많은 도움을 줄까? 엄마와 눈을 맞추고 이야기 나누는 것보다 더 좋은 교육이 있을까?

나는 대학 시절부터, 실습, 교사 생활을 통해 아이들과 어떻게 놀이하고, 놀이 속에서 어떻게 교육해야 하는지 배웠다. 중요한 것은 나에게는 아이가 없다는 것이다. 내가 알고 있는 것들을 알아야 하는 사람은 바로 부모님이라는 생각이 들었다. 책을 읽다 보면 '아이에게 물고기를 잡아주지 말고, 물고기 잡는 법을 알려주라.'는 말을 많이 본다. 그런데 이 말을 듣고 나는 이런 생각을 했다. 부모님이 물고기 잡는 법을 모른다면? 물고기 잡는 법을 몰라서 돈을 주고 사주기만 한다면? 그렇다면 아이도 물고기 잡는 법을 모르고 클 것이고, 부모님이 한 대로 배워서 물고기는 돈을 주고 사는 것이라고만 생각할 것이다. 나는 부모님들에게 제일 먼저 물고기 잡는 법을 알려주어야 한다는 생각이 들었다. 직장생활하는 부모님이 읽어야 할 영유아 독서법 책을 쓰는 것이다. 나의 꿈은 동화 작가, 학부모를 위한 (어쩌면 아이들을 위한 일이겠지만) 책을 쓰는 작가가 되는 것이었다.

2년 후인 지금 나는 책을 읽으면서 독서가 정말 중요하다는 것을 깨달앉다. 엄마는 1년 전부터 책을 읽고, 강연가, 작가가 되겠다는 꿈을 꾸었다. 책 쓰는 법에 관련된 책도 구매하고, 영상도 보면서 혼자 책을 쓰려고 노력했다. 나는 학창시절 백일장도 한 번 나가지 않았고, 방학 때면 독후감만 빼고 모두 제출했다. 글짓기 하는 시간을 제일 싫어했던 아이였던 내가 올해 4월, 엄마를 따라 책을 쓰고 싶어졌다. 앞서 말한 김태광 작가님의 책을 밤에 잠이 들기 전에 책을 보았고, 아침이 되면 눈을 뜨자마자 눈곱도 떼지 않고 책을 읽었다. 나보다 더 힘든 삶을 살았는데 어떻게 성공할 수 있었을까? 작가님의 책을 읽으면서 눈물이 날 때도 있었다. 돈도 없고, 빽도 없고, 스펙도 없었던 김태광 작가님은 작가가 되겠다는 일념 하나로 7년간 글을 썼다.

몇 백 번이 넘는 퇴짜를 맞았지만 포기하지 않고, 글을 썼다. 그 덕분에 250권이 넘는 책을 출간했고, 메신저의 삶을 살고 있다. 나도 작가가 되어서 사람들에게 독서의 중요성을 알려주고, 꿈을 찾을 수 있도록 도와주어야겠다는 생각이 들었다.

내가 더욱 책을 쓰고 싶었던 이유는 책을 읽으면서 엄마는 나에게 최고의 멘토가 되어주었다. 책 속에서 깨달은 것, 엄마가 살면서 깨달은 것을 내가 시행착오를 겪을 때마다 이야기해주어서 나의 삶이 많이 바뀌었다. 나는 주변 사람들을 둘러보면서 엄마에게 감사함을 많이 느꼈다. 주변에 친구들을 보면 책을 읽는 것도 아니었고, 주변에 멘토를 해주는 사람도 없었다. 그저 비슷한 사람들과 이야기 나누고 공감하고 불평하면서 개선되지 않는 삶을 살고 있었다.

나는 그런 내 친구들과 주변 사람들을 보면서 안타까웠고, 내가 엄마에게 배운 것을 나누어주어야겠다는 생각이 들었다. 나는 엄마가 조언해주었던 것들을 생각하며 모두 노트에 적었다. 그리고 내가 그때 겪었던 일들도 함께 적어놓았다. 엄마가 동생들에게 하는 말을 귀 기울여 듣고, 그 조언들을 모두 노트에 기록했다. 이것을 엮어서 책으로 만들어 또래의 사람들이 힘들어할 때 삶이 답답하고 외로울 때 도움이 되었으면 좋겠다는 생각이 들었다. 나는 김태광 작가님께 책 쓰는 법을 배웠고 꿈을 이루었다. 지금은 스스로 책을 쓰는 작가의 삶을 살고 있다.

꿈을 찾는 것은 어려운 일이다. 방황하기도 하고 시련도 겪으면서 내가 무슨 일을 해야 하는지 깨닫게 된다. 또는 부모님, 주변의 환경을 통해 자신의 미래를 결정하기도 한다. '맹모삼천지교'라는 말이 있다. 맹자의 어머니가 맹자를 훌륭한 자식으로 키우기 위해 3번 이사한 일을 뜻한다. 처음에 맹자는 묘지 근처에 살았다고 했다. 묘지 근처에 살았더니 맹자가 장사를 지내는 흉내를 내는 모습을 보고 맹자의 어머니는 시전 가까이로 이사를 했다. 이번에는 물건을 사고파는 흉내를 내는 모습을 보고 서당 가까운 곳으로 이사를 했다. 맹자가 예의범절을 흉내내는 모습을 보고 그곳에 거처를 정했다고 한다.

내가 성공한 삶을 살 수 있는 이유는 성공한 사람들의 책을 읽은 덕분이었고, 내가 꿈을 찾은 방법도 독서를 통해 책 속 저자가 말하는 삶을 살기로 했기 때문이다. 부모님을 보고 꿈을 키웠다면 아마 나는 프랜차이즈 장사를 했을 것이다. 내가 보고 배운 것은 자영업이다. 엄마는 장사를 해보았기 때문에 내가 힘들게 살지 않기를 바랐지만 내가 보고 배운 것은 장사였다. 그래서 두 번째로 결정한 직업이 칼국수 가게이다.

이제는 책을 통해 '작가'라는 직업을 선택했다. 당신도 하고 싶은 일이 있고 이루고 싶은 꿈이 있다면 그것으로 성공한 사람의 책을 읽어보자. 그러면 당신이 이루고자 하는 꿈을 이룰 수 있을 것이다.

4장

실현
가능하고
지속 가능한
독서법

읽어야 할 책,
읽지 말아야 할 책

—

'좋은 책'이란 내가 생각하게 만들고,
나를 성장시켜주는 책이다.

옛말에 '이 세상에 도움 되지 않는 책은 한 권도 없다'는 말이 있다. 학창시절 할머니 댁에 가면 할머니는 공부하라고 이야기를 많이 하셨다. 나는 책장을 둘러보다가 만화책을 발견하고, 온종일 만화책만 보았던 적이 있다. 할머니는 내가 만화책을 보는 모습을 보고 흐뭇해하셨고, 나는 좋아하는 만화책을 보아서 기분이 좋았다. 그 행동이 나에게 도움이 되었을까? 도움이 되지 않는 책도 많이 읽으면 되는 것일까? 멋지고 행복하고, 성공한 사람이 될 수 있을까?

옛날에는 글을 읽을 수 있는 사람이 많지 않았고, 글을 읽는 사람은 유식하고, 성공할 수 있다고 생각했다. 책의 내용이 어떻든 책만 읽으면 된다고 생각했다. 할머니는 내가 만화책을 보아도 공부를 한다고 생각하고 기분 좋아하셨다. 나는 그때를 시작으로 만화책, 인터넷 소설, 웹소설, 웹툰을 많이 보았다. 그것도 몇 년에 거쳐서 오랜 시간 책을 많이 읽었는데 왜 나의 인생은 긍정적으로 바뀐 것이 하나도 없었고, 나에게 도움이 되지 않은 것일까? 만화책과 할리퀸 소설은 내 삶에 재미를 주었고, 시간 보내기에 딱 좋은 것뿐이었다.

제대로 된 독서를 시작하면서 주변의 친구들이 힘들어할 때나 카톡을 주고받을 때 좋은 이야기를 해주면 친구들이 "영화 멋있다. 어떻게 알게 되었어?"라고 물어본다. 그러면 나는 책을 읽고 많이 바뀌었고, 책을 통해 배우고 있다고, 친구들에게도 책을 읽으라고 권한다. 그랬더니 친구들이 "영화야, 너는 무슨 책 읽어? 어떤 책을 읽어야 할지 모르겠어."라고 질문한다. 그러면 내가 읽고 있는 책을 이야기해주면서 그 책이 친구에게 맞을지 맞지 않을지 모르기 때문에 이렇게 답한다.

"요즘에는 자존감이나 자기 사랑에 관심이 많아서, 그런 관련 책들을 계속 보고 있어. 이 책에서 '자기 자신을 사랑해야 하고, 남을 대하듯이 자신을 사랑해야 한다.' 같은 나를 사랑하는 법에 대해 이야기해줘서 좋더라고. 너는 이 책을 어떻게 생각할지 모르겠어. 그리고 사람마다 좋아하고, 필요로 하는 것이 다르기 때문에 만약 내 이야기가 공감이 되면 이 책을 사서 읽어보고, 그렇지 않으면 서점이나 온라인 서점에서 마음에 드는 제목을 골라서 읽어봐."

나는 사람마다 읽어야 할 책, 읽지 말아야 할 책이 있다고 생각한다. 우리는 살면서 이 세상에 있는 모든 책을 읽기는 정말 어려울 것이다. 그 중에서 어떤 책이 나에게 맞고 어떤 책을 읽어야 내가 성장하는지 찾아 내야 한다. 그러기 위해서는 일단 다양한 책을 읽으면서 알아야 한다. 중 요한 것은 그중에서 절대 읽어서는 안 되는 책들이 있다.

제일 먼저 읽지 말아야 할 책 첫 번째를 꼽는다면 만화책, 할리퀸 소 설이다. 나는 이 두 종류의 책을 정말 좋아했다. 늦은 시간까지 만화책 과 소설을 보다가 하루에 2~3시간 자고 학교와 직장에 갈 정도로 좋아 했다. 만화책과 할리퀸 소설을 몸이 망가져가고, 생활에 어려움을 줄 때 까지 읽으면서 더이상 보고 싶지 않다는 생각이 들었다. 나의 인생에 많 은 해로움을 주었기 때문에 사람들이 보지 않았으면 하는 것이다. 20대 초반이 되어서야 만화책과 웹 소설을 보면서 '내가 왜 이것을 읽고 있지? 이게 나에게 어떤 도움을 주지?'라는 생각이 문득 들었다.

매일 늦게 잠이 들어서 아침이 되면 피곤했고, 학교생활, 직장생활에 영향을 끼쳤다. 또, 할리퀸 소설은 나를 상상 속에 살게 했다. 나도 이런 연애를 할 것이라고, 나도 이런 사랑을 받을 것이라고 상상하니까 연애가 힘들어졌다. 만나는 남자들이 소설 속 주인공처럼 행동하지 않았기 때문에 실망하게 된다. 특히 요즘 젊은 사람들은 웹툰과 웹 소설을 손쉽게 볼 수 있다. 매일 가지고 다니는 스마트폰으로 언제 어디서든지 볼 수 있기 때문에 빠져들기 쉽고 절제하기 어렵다. 나의 학창시절 한 친구도 웹툰에 빠져 있었는데 자신이 만나는 남자들이 만화 속 주인공처럼 차도 갖추고, 돈도 잘 벌고, 얼굴도 잘생겨야 한다고 말한 적이 있었다. 그것이 20대 초반이었다. 요즘 사람들은 이런 환경에 많이 노출되어서인지 사람을 만날 때 이상한 기준을 가지고 있다. 그것은 절대 좋은 습관이 아니다. 나를 발전시켜주지 않는 책은 읽지 않은 것과 다름없다.

둘째, 베스트셀러라고 무조건 사서 읽지 말자. 독서 습관이 생기고, 책에 재미가 생겼을 무렵 사람들과 책을 통해 대화를 나누고 싶어졌다. 사람들은 주로 어떤 책을 읽는지 알아보았더니 대부분 베스트셀러를 읽고 있었다. '베스트셀러가 유명해진 이유가 있겠지. 사람들이 이 책을 보는 데는 특별한 이유가 있을 거야.'라는 생각으로 베스트셀러만 구매했다. 그런데 평소에 엄마가 추천해주었던 책들보다 재미가 없었고, 내가 원했던 질문에 대한 답을 주는 책이 아니었다. 또, 내가 주로 흥미를 가지고 있지 않은 부분이어도 베스트셀러라는 이유만으로 구매했더니 첫 페이지만 읽고, 몇 년을 책장에 꽂아두었다. 한 번은 그 책을 꼭 읽겠다! 베스트셀러인 이유가 있을 거야!! 라는 생각으로 꺼내 읽었는데 그 책만 3번을 꺼내 읽었고, 3번 모두 30쪽을 넘기지 못했다. 내가 책을 보다가 정말 지겹고 힘들어서 책장에 넣어두면 그 책은 이미 나의 뇌 속에 '저 책은 재미가 없어.'라는 인식이 굳어져 있어서 그 책을 보고 싶지 않아진다. 주변 사람들이 다시 그 책을 읽고 있을 때면 한 번씩 다시 꺼내어 보곤 했지만 결국 30쪽을 넘기지 못했다. 내가 2번 이상 그 책을 읽지 못하겠다는 생각이 들었다면 그 책은 당신이 읽어야 할 책이 아니다.

나는 몇 번의 실패로 반짝 떠오르는 베스트셀러보다 쭉 인기가 많았던 스테디셀러를 읽기 시작했다. 지금은 표지가 예쁘다고 해서 책을 사고, 읽는 것이 아니라 표지가 학교 전공 서적처럼 딱딱하고 칙칙해도 책 속의 내용이 나에게 도움이 되는 책이면 사서 읽는다. 가끔 서점에 가면 베스트셀러가 어떤 것이 있는지 어떤 내용을 다루었는지 궁금하다. 또, 표지가 예쁘면 눈에 띄기 때문에 그 책을 훑어보게 된다. 그 책들을 살펴보고 나에게 도움이 되면 구매한다. 베스트셀러라고 해서 모두 나에게 맞지 않고, 읽지 말아야 하는 책은 아니다. 스스로 잘 살펴보고 골라서 읽어야 한다.

셋째, 주변 사람들이 추천해준 책이라고 모두 좋은 것은 아니다. 위에서 보면 친구가 나에게 어떤 책을 읽어야 하는지 자주 물었다. 나도 처음 독서를 시작했을 땐 엄마, 온라인 서점, 블로그, 유튜브 등 다양한 곳에 질문했고, 추천을 받아서 읽었다. 그런데 내가 추천받은 책은 대부분 실패했다. 사람마다 좋아하는 분야가 있고, 그 분야에서도 원하는 내용, 좋아하는 문체가 아니었기 때문에 내가 읽었을 때는 힘들고 지루함이 생겼다. 다른 사람이 추천해주었다고 해서 모두 좋은 책이 아니었다. '좋은 책'이란 나를 생각하게 만들고 성장시켜주는 책이다. 그러니 각자 사람마다 좋은 책이 다른 것이다.

독서를 하면서 나의 주변에 조금씩 책을 읽는 사람들이 생겨났다. 그러니 자연스레 무슨 이야기가 나와도 독서로 이어졌다. 독서 이야기를 하다 보면 서로 읽고 있는 책을 이야기하게 된다. 이야기를 듣다가 "어, 그 책 무슨 책이에요? 들어보니까 되게 괜찮다."라고 물어보고 구매했다가 실패한 적도 있었다. 다른 사람이 좋다고 해서 들어보았는데 내용이 다 좋은 책이 아니었다. 나는 다른 사람들이 좋다고 말하는 책도 온라인 서점에 들어가서 내용을 살펴보고 책을 구매한다.

다른 사람이 책을 추천해주었을 때는 그 책의 내용을 읽어보거나 리뷰를 통해 책에 대해 어느 정도 알아보고 사는 것이 좋다. 평소 그 사람이 나와 비슷한 취향을 가지고 있더라도 책을 추천받아보면 막상 '이건 내가 원하던 책이 아닌데.'라는 생각이 들기도 한다. 나에게 맞는 책은 내가 찾아보고 읽어보면서 만나는 것이다.

 다음 장에 나만의 책 고르는 7가지 방법을 알려줄 것이다. 그 방법을
활용해서 책을 구매하면 많은 도움이 될 것 같다. 그리고 시간도 아끼고
유익한 책만 고르고 싶다면 금서 리스트를 작성하면 도움이 된다. 금서
리스트는 내가 흥미가 없는 분야의 책을 알게 되었을 때, 나의 인생에 도
움이 되지 않는 만화책, 할리퀸 소설처럼 나의 기준을 만들어놓는 것으
로 함부로 아무 책이나 구매하지 않게 된다. 독서의 기준은 자신이 정하
는 것이다.

(2)

나만의 책 고르는
7가지 방법

–

내가 읽는 책이 내가 되기 때문에
책을 고르는 것은 중요하다.

읽어야 할 책, 읽지 말아야 할 책을 구분했다면 이번에는 자신만의 책 고르는 법을 만들어야 한다. 독서는 책을 고르는 것부터 시작된다. 내가 읽는 책이 내가 되기 때문에 책을 고르는 것은 중요하다. 나는 처음 독서를 시작했을 때 엄마의 추천보다 북튜브를 보고, 내가 관심이 가는 책을 읽기 시작했다. 그리고 그 책에서 추천해주는 책을 구매해서 읽거나, 온라인 서점에서 그 책과 관련된 추천 도서를 사서 읽기 시작했다.

다양한 책을 읽으면서 나만의 책 고르는 법을 터득하게 되었다. 책을 고를 때 중요한 것은 첫째, 표지와 제목이다. 사람의 첫인상, 겉모습이 중요하듯이 책의 표지도 사람들에게 많은 인상을 준다. 여기에 현혹되면 안 되지만 일단 눈길을 끄는 것이라면 책을 꺼내어보자. 책 표지를 볼 때는 표지에 내 가슴을 울리는 문구, 내가 이 책을 사야겠다는 마음이 드는 문구가 있는지 살펴본다.

둘째, 책의 표지와 제목이 마음에 들었다면 목차를 살펴보고, 프롤로그를 읽어본다. 목차에서 내가 필요로 하는 내용 있는지 찾아본다. 그리고 그 페이지를 읽어본다. 나에게 도움이 될 만한 글이 있는지, 저자가 내가 생각하는 것과 비슷한 가치관을 따르고 있는지 살펴본다. 프롤로그를 읽고 저자가 어떤 마음으로 이 책을 썼는지, 이 책에 어떤 내용이 담겨 있는지 살펴본다. 또 프롤로그와 목차를 읽으면서 저자의 문체가 나와 맞는지 살펴본다. 가끔 책의 내용은 좋은데 문체가 내 스타일이 아닐 때도 있다. '이 사람은 너무 잘난 체하는 것 같아.' '이 사람은 이런 식으로 말을 하네?' 그래서 책을 살 때 나는 저자의 글을 읽으면서 감정이입되고, 공감이 되는 책을 주로 구매한다.

셋째, 그 분야의 책을 여러 권 골라서 목차, 프롤로그를 읽어보고, 나에게 가장 도움 될 것 같은 책을 구매한다. 예전에는 내 마음에 드는 책, 내가 관심 가는 분류의 책을 모두 구매했다. 같은 분야의 책은 중복되는 내용이 많다. 여러 권의 목차를 읽고, 내가 알고자 하는 부분을 읽다 보면 그중에서 가장 유익한 책을 고를 수 있다. 여러 권을 한꺼번에 보고 골라내기를 할 때는 오프라인 서점을 추천한다. 서점에서 책을 보기 힘들면 도서관에서 미리 여러 권을 골라서 읽어보고 골라서 구매하는 것도 좋은 방법이다.

넷째, 책에서 추천받은 책을 구매하라. 내가 읽고 있는 책에 보면 가끔 책 속에서 책을 추천하기도 한다. 그러면 그 책은 실패할 확률이 거의 없다. 저자도 그 책의 도움을 받아 이 책을 쓴 것이기 때문이다. 내가 책을 살 때 주로 사용하는 방법은 온라인 서점에서 나에게 추천해주는 추천 도서이다. 나는 매일 온라인 서점에 들어가서 나의 추천 도서를 살펴본다. 그러면 내가 지금 관심 가지고 있는 책을 추천해준다. 추천 도서 중에서 관심이 가는 책을 선택하고, 목차와 내용을 살펴본다. 또 베스트셀러도 좋지만 주로 스테디셀러를 많이 구매하는 편이다. 전에 베스트셀러라고 구매했다가 몇 장 안 읽고 포기한 적이 많아서 베스트셀러도 위의 절차를 통해 내가 정말 필요한 책을 구매한다. 스테디셀러는 의외로 실패한 적이 거의 없다. 예전부터 유명했던 책이라고 해서 구매했더니 내용이 알차고, 나의 관점을 바꿔준 책이 많았다. 나는 도서 비율을 따지자면 신간 도서 40%, 스테디셀러나 옛날 서적을 60%로 구매하고 있다.

다섯째, 나의 궁금증을 해결해주는 책. 책을 읽다 보면 질문이 떠오른다. 자존감에 관해 공부하던 중 '회복 탄력성'이라는 단어가 나왔다. 회복 탄력성이 높은 사람은 자존감도 높고, 성공할 수 있다는 말에 '회복 탄력성을 기르는 방법이 무엇이지?'라는 질문이 떠올랐고 온라인 서점에 '회복 탄력성'을 검색했다. 회복 탄력성에 관련된 책들이 올라오면 그중에서 가장 공감되는 제목, 내용을 선택해서 사들인다. 또, 마음에 드는 책이 많으면 네이버나 유튜브에 검색해서 독자들의 생각을 읽어보고 구매하기도 한다. 나는 이 방법을 통해서 책을 다양한 분야로 넓혀갈 수 있었다. 독서를 처음 시작했을 때 본 책은 『상자 밖에 있는 사람들』이었다. 이 책을 읽고 인간관계가 궁금해진 나는 데일 카네기의 『인간관계론』을 읽었고, 자기 자신에 관심을 두게 되었다. 자기 사랑, 자존감, 언어, 습관, 행동 등 책을 읽으면서 책을 읽는 분야가 점점 넓어졌고, 궁금해질수록 다양한 책을 읽을 수 있었다.

여섯째, 어쩌다 보게 된 책. 가끔 다른 지인의 사무실에 가게 되거나 휴게소, 공공기관에 가게 되면 기다리는 시간이 있다. 심심해서 주변을 둘러보다가 책을 발견하고 읽을 때가 있는데 그러면 그 책이 와닿을 때가 많다. 예를 들어 누군가와 만나기로 한 날 약속장소에 갔는데 서로 기분만 나빠져서 말없이 주위를 둘러보았다. 주변에는 책이 있었고, 그 중 마음에 드는 책을 골라 읽는다. 내가 하려던 일이 잘되지 않았지만 좋은 책을 보고 '내가 이 책을 보기 위해 오늘 여기에 왔구나!' 하며 좋아한다. 또는, 주변의 지인이 "나 요즘 이거 읽고 있는데 한번 읽어봐."라고 추천해주는 때도 있다. 내가 평소 궁금해하거나 관심 있던 분야의 책이면 지인과 책에 관해 이야기도 나누고 좋은 기회가 된다.

일곱째, 온라인 리뷰를 보고 구매한다. '이 책을 사고 싶은데 이 책 괜찮을까?'라는 궁금증이 들면 온라인 서점에 들어가서 독자의 리뷰를 살펴본다. 독자의 리뷰를 통해 별점을 확인하는 것이 아니라 이 책을 읽고 사람들이 어떤 생각을 하게 되었는지를 살펴보고, 그 위로 올라가서 책 속 발췌 내용과 소개, 저자, 목차를 확인한다. 또 미리 보기가 가능한 책이면 미리 보기로 책을 읽어보고 결정하기도 한다. 다른 사람의 평가는 나에게 도움을 줄 수 있지만 내가 다른 사람들의 결정에 따라 별표가 많은 책이라고 그 책을 구매해서는 안 된다.

또 하나의 팁을 적자면 이 책을 구매하고 읽었을 때 책의 내용이 좋고 마음에 든다면 저자의 다른 책도 구매해서 읽는다. 저자의 다른 책에서는 비슷한 글도 있지만, 또 다른 지혜가 담겨 있다. 내가 좋아하는 저자의 책이기 때문에 믿고 읽을 수 있다.

가끔 가게에 오는 손님, 지인분들이 우리가 책을 읽고 있으면 '무슨 책을 읽어야 하나요?'라고 물어볼 때가 있다. 그러면 첫 번째는 우리가 읽고 좋았던 책 누구에게나 많은 도움이 되고, 꼭 읽었으면 하는 책을 추천해준다. 두 번째는 서점에서 마음에 드는 책을 읽으라고 추천한다. 그 책이 끌리는 이유는 내가 지금 그 부분이 알고 싶고, 해결하고 싶고, 나에게 필요한 주제라는 것이다. 만약 서점에 갔는데 끌리는 책이 없다면 '내가 앞으로 되고 싶은 것은 무엇이지?' '내가 앞으로 실천하고 싶은 것이 무엇이지?' '내가 알고 싶은 것은 무엇이지?' 질문하고 그와 관련된 책을 고르면 된다.

만약 '내가 무엇이 되고 싶은지, 무엇이 알고 싶은지 모르겠어요.'라고 한다면 독서는 내가 무엇을 하고 싶은지, 무엇을 알고 싶은지, 무엇이 되고 싶은지 알게 해주는 동기 부여가 된다. 일단 책을 읽는 것부터 시작하자.

사실 처음 독서를 시작했을 때에는 아무 생각 없이 궁금한 점이 있으면 그것과 관련된 책을 찾았고, 제목이 끌리면, 표지가 마음에 들면 한두 장 읽어보고 마음에 들면 무조건 구매했다. 그렇게 마구잡이로 책만 구매했더니 다 읽지도 못했고, 책의 내용이 나와 맞지 않는 것도 있었다. 구매해놓고 한두 번 읽다가 책꽂이에 둔 책도 있었다. 책을 읽기 전 나의 쇼핑습관이 이랬다. 내 마음에 드는 옷이면 나와 어울리든 어울리지 않던 마음에 든다는 이유로, 연예인이나 모델이 입고 있을 때 예쁘다는 이유 하나로 일단 구매하고, 집에 와서 입어보고 마음에 들지 않으면 장롱

속에 넣어두고 몇 년을 묵혀두었다가 버리기 일쑤였다.

나는 책을 여러 권 실패하고 돈을 낭비하면서 책을 구매하는 일은 옷을 쇼핑하는 것과 같다는 것을 알게 되었다. 내가 입는 옷이 나를 살려준다. 나에게 맞는 옷은 나를 더 예쁘게 만들어준다. 그러나 나에게 맞지 않는 옷을 입으면 뚱뚱해 보이거나 키가 작아 보이고, 색깔이 맞지 않아서 더 나이 들어 보이기도 한다.

옷을 사러 갈 때 나에게 잘 어울리는 색, 나에게 잘 어울리는 스타일, 내가 좋아하는 종류가 있듯이 책을 사고 읽어보면서 나에게 맞는 책 고르는 법을 찾아야 한다. 나에게 맞지 않는 책을 읽으면 책을 읽는 것이 재미없고 짜증이 나고, 앞으로 독서를 하기 싫어진다. 나에게 맞는 책을 읽으면 무한 성장을 할 수 있다. 변화하는 내가 보이고, 긍정적으로 변하며 삶이 재미있어진다.

3

정독해야 한다는
함정에서 벗어나라

—

내가 원하는 방법으로 어떤 날은 탐험하듯이 읽고,
어떤 날은 속독하면서 나만의 독서 습관을 만드는 것이다.

책은 정독해서 읽는 것이 좋은 독서일까? 정독이란 뜻을 새겨가며 자세히, 정성 들여 읽는 것을 뜻한다. 내가 처음 독서를 시작하고, 독서에 재미를 느끼게 되었을 때 모든 책을 정독해서 읽었다. 정독해서 읽으면 집중이 잘 되었고, 책의 내용을 더욱 자세하게 이해할 수 있고, 생각할 수 있는 시간이 있었다. 독서를 하다가 이해가 안 되면 그 문장을 이해할 때까지 읽었다. 손가락으로 글을 따라가며 읽다가 소리 내어 읽는다. 그래도 이해가 안 되면 한 단어씩 끊어서 읽었다.

단어를 모르면 사전에서 찾아 단어 밑에 뜻을 적어놓고, 독서 노트에 이해하기 쉽게 나의 경험을 예를 들어 단어를 풀이해놓았다. 그런데 언제부터인가 모르는 부분을 모두 이해해야 한다는 생각으로 읽었더니 독서는 나에게 '어려운 일'이 되었다. 무슨 일을 할 때 오래가려면 '쉽고 재미있는 일'이 되어야 한다. 사랑은 시간이 오래 걸리고, 어렵고, 힘든 일을 지속하기 힘들다.

책을 정독해서 읽어야 한다는 것은 옛말이다. 작년 초 엄마와 칼국수 가게를 처음 시작하면서 실수도 잦고, 어려움도 많았다. 특히 똑같은 실수가 잦았던 나는 실수를 줄이기 위해 '실수 줄이는 법'에 대해 찾아보았고 그곳에서 추천해준 체크리스트에 관련된 책을 읽게 되었다. 나는 체크리스트를 어떻게 작성하고, 활용해야 하는지에 대해 알고 싶었는데 그책은 병원에서 체크리스트 활용법을 적어놓은 책이었다. 병원에서 체크리스트를 사용했더니 수술이 잘되었고, 청결이 잘 유지되었으며, 일이 능률적으로 이루어졌다는 내용이었다. 결론은 체크리스트가 중요하다는 이야기였다.

관심 없는 분야인데도 굳이 정독해서 모르는 부분을 이해해가며 읽었더니 조금씩 지루해지기 시작했다. 하루는 엄마가 "영화야, 무슨 책 읽어?"라고 물었다. 나는 "가게에서 자꾸 실수하니까 실수하는 내 모습에 정말 바보 같다는 생각도 들고, 왜 자꾸 실수하는지 모르겠고 답답해서 실수하지 않는 법을 찾았더니 이 책을 추천해주더라고요. 체크리스트와 관련된 책인데 이 책이 병원에서 체크리스트의 중요성만 이야기해서 너무 재미가 없어요."라고 말하자 "그래? 그러면 그만 봐."라고 대답했다.

나는 그 말을 듣고 '맞아. 누가 나에게 책을 꼭 정독해서 처음부터 끝까지 읽으라고 한 적이 없는데.'라는 생각이 들었다. 나는 책을 정독해서 천천히 이해하며 읽어야만 제대로 읽었다고 느꼈다. 속독으로 빠르게 훑고 지나가는 것은 나에게 도움이 되지 않는 독서법이라고 생각했다. 처음엔 모든 책을 완독, 정독하려고 했지만 체크리스트 책 이후부터 흥미가 없거나 어려운 책은 다시 책꽂이에 꽂아두었다. 그리고 그 책이 보고 싶을 때 꺼내어본다. 또 모든 책을 정독해서 읽던 내가 어떤 부분에서는 속독해서, 어떤 부분에서는 정독해서 읽기 시작했다.

나는 이때 나의 또 다른 습관도 하나 발견하게 되었다. '책은 처음부터 순서대로 읽어야 한다'는 생각을 가지고 있었다. 나는 왜 책은 처음부터 읽어야 한다고 생각했을까? 어렸을 적 엄마가 읽어주는 동화책은 언제나 처음부터 끝까지 읽어야 내용이 이어졌다. 학교 수업시간에도 차례로 페이지를 펼쳐서 수업한다. 선생님이 목차를 보고 "오늘은 어제 배운 거 이어서 하지 말고 다른 거 공부하자! 오늘은 이 부분부터 하고 싶네."라고 하지 않는다. 학교 공부에는 언제나 단계가 있었다. 그래서인지 독서도 단계가 있다고 생각했던 것 같다.

차례대로 읽지 않으면 내가 이 책을 이해하지 못하리라 생각했다. 언제부터였는지 모르겠지만 책을 구매할 때 목차를 보는 습관이 생겼다. 그렇게 목차를 보면서 내가 관심이 생기는 부분을 먼저 읽어보고 구매하게 되었다. 그것이 계기가 되어 독서를 할 때도 읽고 싶은 부분부터 읽기 시작했다. 그렇게 읽으면 책에 흥미도 더욱 생기고, 그 부분을 시작으로 이 책이 궁금해지기 시작한다.

마음에 드는 부분부터 시작하면서 어떤 부분에서는 속독, 어떤 부분에서는 속독하는 방법을 터득했다. 어떤 부분에서 속독해야 할까? 속독이란 책을 빠르게 읽는 독서법을 말한다. 책의 흐름을 파악하기 위해, 중요하지 않은 부분을 넘길 때 속독을 하면 좋다. 속독은 책을 빠르게 읽기 때문에 책을 읽는 시간이 줄어들고, 짧은 시간 동안 많이 읽을 수 있다는 장점이 있다. 내가 처음 독서를 시작했을 때 독서 습관이 잡혀 있지 않았을 때는 한 권을 읽는 데 한 달이 걸렸고, 어느 정도 독서 습관이 잡히고 나서는 이틀에 한 권, 하루에 한 권을 읽었다. 정독의 단점은 지루함이다. 오래 읽기 때문에 지루해진다. 지루함을 느끼면 책을 읽기가 힘들어진다.

속독은 어려운 부분을 그냥 넘어가지만, 정독은 모르는 것을 이해하고 짚고 넘어가기 때문에 그 과정에서 스트레스가 생길 수 있다. 속독하고 나서부터는 책을 읽는 것이 재미있었다. 하루에 여러 권을 읽을 수 있고, 독서량이 늘어나면서 뿌듯함도 생겼다. 가끔 영화나 드라마를 보다가 지루한 부분이 나오거나 시간이 부족할 때 빨리 감기를 하듯이 책의 흐름을 알게 되면서 시간을 줄일 수 있는 것이다.

이런 속독에도 단점이 있다. 책의 내용을 이해하지 못하고 기계적으로 술술 넘겨버리고, 가볍게 읽는 만큼 내용이 기억나지 않고, 기억이 나도 오래 지속하지 않는다. 또 빠르게 넘어가는 만큼 중요한 부분을 놓치기도 한다. 속독에 재미가 들었을 때 나는 책의 내용과 나의 삶에 중점을 두기보다 책의 양에 중점을 두었다. 가게에 온 손님들이 "우와 이 집 사장님들은 독서를 하네? 이야, 여기 책 좀 봐. 무슨 도서관이야?"라고 말하거나 테이블 위에 쌓여 있는 책을 보면서 "책을 이렇게 많이 봤어? 대단하네."라고 말했다. 나는 SNS에 올리기 위해, 사람들에게 보여주기 위해 책을 읽고 있었다. 책은 읽어야 하는데 정독을 하면 보여주기가 힘들기 때문에 속독을 했다.

정독했을 때에는 중요한 부분 하나까지 모두 표시해서 노트에 적어놓거나, 책에 표시하면서 내가 바뀌는 점이 있었고, 남는 것이 있었는데 속독을 했더니 남는 것이 거의 없었다. 나는 속독과 정독을 어느 정도 섞어서 사용해야겠다는 생각이 들었다. 재미없는 책을 처음부터 끝까지 정독한다는 것은 나의 첫 저서『삶의 근육을 키우는 하루 한 권, 독서의 힘』에서 말한 것처럼 '맛없는 음식을 억지로 먹는 것'처럼 느껴진다. 속독을 계속하는 것은 '이 음식을 왜 먹는지, 어떻게 먹어야 하는지 모른 채 빨리 먹기 바쁜 것'이다.

내가 주로 속독해서 넘기는 부분은 내가 읽었을 때 지루하다고 느끼는 부분이나, 한 번 훑어볼 때, 어떠한 정보를 찾을 때, 생각할 것이 많지 않고, 공감되는 에세이나 재미있는 우화, 동화 같은 가벼운 책을 읽을 때이다. 또, 저자가 하고자 하는 말이 아닌 자신의 경험이나 스토리를 넣은 경우에는 빨리 읽고 넘긴 뒤 결론 부분에서 정독한다. 결론에는 독자가 하고자 하는 핵심 문구가 적혀 있기 때문이다.

정독을 할 때는 내가 좋아하는 스토리, 가슴에 와닿는 문구, '이 부분은 꼭! 알아야겠다'고 생각하는 부분을 천천히 이해하고 필사하며 읽는다. 자기계발서처럼 배우고 생각해야 하는 책은 정독하며 읽는다. '사람은 어떻게 생각했지?, 이런 상황에서는 어떻게 해야 하지?'하는 식으로 질문을 던지며 나의 상황에 맞게 생각하며 읽는다. 그렇게 읽다 보면 나의 삶이 조금씩 바뀌는 것을 느낄 수 있다.

한 권을 읽을 때에도 정독해야 하는 부분, 속독해야 하는 부분이 다르다. 속독과 정독 어떤 것을 해야 하냐는 질문에 정답은 없다. 바다를 예로 들면 정독은 바다 속으로 들어가서 이것저것 구경도 하고, 만져보고, 탐험하는 것이고, 속독은 바다 위에서 크루즈를 타고 바다 위를 여행하는 것과 같다. 바닷속을 천천히 구경하는 사람, 크루즈를 타고 구경하는 사람 모두 바다를 구경했다고 말한다. 내가 원하는 방법으로 어떤 날은 탐험하듯이 읽고, 어떤 날은 속독하면서 나만의 독서 습관을 만드는 것이다.

4

제대로 읽는
메모 독서법

–

나는 독서 노트를 쓰면서
나를 돌아보는 시간이 많아졌다.

'어느 책에서나 최대의 것을 얻기 위해서는 행간에 숨은 뜻을 읽어야
한다. 그러나 나는 여러분에게 행간에 글을 써 넣으며 읽도록 권하고 싶
다. 이렇게 하면 아마 가장 효과적인 독서를 하게 될 것이다. 책을 소유
하는 데는 2가지 방법이 있다. 첫째 옷이나 가구처럼 값을 지불하여 얻는
소유권이다. 그러나 완전한 소유는 책을 자신의 일부로 하였을 때만 성
취된다. 그리고 당신 자신을 책의 일부로 하는 가장 좋은 방법은 책 속에
글을 적어 넣음으로써 이루어진다.'

모티어 애들러의 말이다. 나 또한 만나는 사람들, 입문자들에게 독서
를 하려면 메모를 해야 한다고 이야기하고 있다. 내가 처음 독서를 시작

했을 때, 책에 흥미를 느끼기 시작했을 땐 색연필과 포스트잇 플래그만 들고 독서를 했다. 읽다가 좋은 부분이 있으면 밑줄을 치고, 중요한 부분이나 필요한 부분에는 플래그를 붙이거나 모서리를 접었다. 독서를 시작하면서 독서의 즐거움에 빠져 있었다.

독서를 할 때는 그 안의 좋은 내용이 다음에도 또 기억이 날 것 같고, 내가 이 모든 것을 실행할 것 같았는데 책을 덮으면 당황스러운 일이 생겨난다. 사람들에게 "나 요즘 책 읽는 데 좋더라." 말하면 "무슨 책 읽는데?" 물어본다. 순간 책의 제목이 생각나지 않는 것이다. 분명 재미있고, 눈물까지 흘리며 감명 받았던 책인데 제목도 생각나지 않고, 사람들에게 알려주고 싶었던 많은 문장도 하얗게 지워져 있었다.

내가 책에 흥미를 느끼고 독서를 시작했을 때 엄마는 항상 "영화야, 메모하면서 독서를 해봐. 그러면 또 다른 게 보일 거야."라고 말했다. 그러나 엄마의 말에 "네."라고 대답하고는 똑같이 나만의 독서법을 고집했다. 학창시절 방학 숙제로 독후감만 하지 않았고, 백일장이나 글쓰기 대회에 나가본 적도 없는 나였다. 글을 쓰는 것은 너무나도 싫었다.

덮어도 아무 기억도 나지 않고, 책을 읽었는데 생각보다 크게 변하는 게 없다는 것을 여러번 느끼고 있을 때 엄마는 또 한 번 "영화야, 메모하

면서 책을 읽어보라니까, 정말 머릿속에 들어오는 게 천지 차이야."라고
말했다. 나는 '그래, 항상 엄마 말을 잘 들으면 자다가도 떡이 생겼어.' 하
며 노트를 펼쳤다. 중요한 것은 노트에 무엇을 적어야 할 지 몰라서 일단
학창시절의 독후감을 떠올리며 한 권을 다 읽고 독서 노트를 적었다.

내가 독서 노트를 쓰자 엄마가 "영화야, 독서 노트 쓴 거 줘봐."라고 말
했다. 독서 노트를 읽더니 "잘 썼네. 느낀 점도 좋고. 여기에 읽으면서 좋
은 문장들이나 네 생각을 적으면 더 좋겠네."라고 말했다. 나는 그 뒤로
독서 노트를 옆에 두고 책을 읽기 시작했다. 그런데 생각보다 독서 노트
를 쓰는 일이 쉽지 않았다. 독서를 하다가 좋은 문구가 있으면 밑줄을 치
고 노트에 적는다. 그랬더니 손도 아프고, 독서의 흐름이 끊겨서 읽다가,
쓰고, 읽다가, 쓰고 독서가 재미없어졌다.

결국, 독서 노트를 포기했다. 독서 노트 없이 책을 읽고 있는 내 모습
을 보면서 엄마는 "영화 요즘에 노트 안 쓰네?"라고 말했고 나는 "독서
노트 쓰니까 팔도 아프고, 이거 쓰느라고 책을 못 읽어요."라고 말했다.
엄마는 "그렇지? 그래서 엄마는 한 장 다 읽으면 노트 쓰고, 또 읽다가
좋은 생각나면 쓰고, 그 문장을 다 쓰는 게 아니라 정말 좋은 부분만 쓰
고 있어. 영화도 너만의 방법을 만들어봐."라고 말했다. 처음엔 엄마가
말한 대로 노트 정리를 했더니 한 장을 다 읽고 노트에 적는 것도 양이

많아서 쉬운 일이 아니었다. 이것은 내가 원하는 방법이 아니었다. 나는 인터넷에 '독서 노트 적는 법'을 찾아보았다. 총 6단계로 이루어진 이 방법을 소개한다. 첫째, 날짜, 제목, 저자의 이름을 넣는다. 둘째, 책의 중요한 문장을 필사한다. 셋째, 책을 읽으며 떠오른 질문을 적는다. 넷째, 책의 핵심 내용 요약 정리를 한다. 다섯째, 책을 읽고 얻은 것, 깨달은 것을 적는다. 여섯째, 실천 항목을 쓴다.

여섯 가지를 순서대로 적고 나면 '이게 독서 노트구나!' 하며 뭔가 남은 것이 있고, 뿌듯한 느낌이 들었다. 그러나 나의 이런 느낌도 오래가지 못했다. 정해진 틀에 맞춰 독서할 때마다 이 질문에 항상 답을 적어야 한다는 것이 나에게 지루함을 주었다. 나는 다시 나만의 독서법으로 돌아갔고, 올해 초 엄마는 다시 한 번 나에게 독서 노트를 쓰라고 이야기했다. 나는 이번에는 마음을 굳게 먹고, '나만의 독서 노트를 만들어보자'는 생각이 들었다.

독서를 할 때는 항상 독서 노트를 옆에 두고 시작한다. 책을 읽다가 좋은 문구가 나오면 그 부분을 색연필(또는 색깔 볼펜)로 밑줄을 긋고, 독서 노트에 페이지를 적는다. 나는 필사하는 것이 시간도 오래 걸리고 힘들었기 때문에 페이지만 적거나 정말 좋은 문장, 키워드만 적어놓는다. 그리고 밑에 파란색 볼펜으로 내 생각을 적는다. 이 문장이 좋은 이유,

이 문장을 읽고 떠오른 기억, 떠오른 아이디어 등 나의 노트에 파란색 글자들은 모두 내 생각이라고 보면 된다. 그리고 빨간색 볼펜은 정말 중요한 것, 앞으로 실행할 계획, 아이디어를 적는다. 그리고 책의 한 꼭지, 한 장을 다 읽으면 그것을 읽고 느낀 점, 그것에 대한 저자의 생각, 저자가 하고자 하는 말을 책 아래에 적는다.

엄마가 다시 메모하라고 했을 때, 메모를 시작한 이유는 메모하면서 책을 읽으면 집중력이 높아지고, 내가 언제 무엇을 읽었고 어떤 생각을 했는지에 대한 나의 기록이 남아 있고, 그것이 나에게 많은 도움을 준다는 것을 알았기 때문이다. 나는 독서 노트를 쓰면서 나를 돌아보는 시간이 많아졌다. 예전에 화가 나거나 부정적인 생각이 떠오를 때면 온종일 기분이 좋지 않았다. 아니면 잊어버렸다. 그런데 독서 노트를 쓰면서부터 나의 감정을 글로 쓰기 시작했다.

독서 노트 아래편에 오늘 있었던 일, 내가 지금 기분이 나쁜 이유, 나에게 떠오르는 부정적인 생각들을 모두 적고 나면 누군가에게 털어놓은 것처럼 속이 시원하고, 더 생각이 떠오르지 않는다. 그렇게 적어놓고 다른 일을 하다 보면 내가 적은 것에 대한 해답이 떠오르기도 한다. 그러면 나는 내가 적은 글을 읽으면서 내가 잘못된 점, 내가 반성해야 할 점, 내가 기분이 나빴던 이유에 대해 알게 된다. 앞으로 어떻게 해야 하는지도.

독서 노트를 쓰면서 내 생각과 기분을 글로 적는 것이 좋아졌다.

내가 쓴 독서 노트가 지금은 나의 첫 번째 저서인『삶의 근육을 키우는 하루 한 권, 독서의 힘』과 지금 집필하는 이 책에 많은 도움이 되고 있다. 내가 적고 있는 글이 나의 책이 되는 것이다.

메모하기 습관 중 내가 요즘 새롭게 시도하는 것이 있다면 독서 앱을 사용하는 것이다. 가방에 짐을 많이 넣고 다니는 것을 좋아하지 않고, 작고 자그마한 가방을 좋아하는 나에게 책과 노트는 생각보다 많은 비중을 차지한다. 그렇게 해서 새롭게 쓰게 된 것이 독서 노트 앱이다. 요즘에는 독서기록 앱도 많이 생겨났다. 나는 〈북적북적〉이라는 앱을 내려 받아서 활용하는 중이다. 내가 읽은 책을 날짜별로 볼 수 있고, 언제 어디서든지 책을 읽고 떠오른 생각을 쓸 수 있기 때문이다. 독서 노트도 좋지만, 노트를 가지고 다녀야 하는 번거로움이 있어서 실외에서 특히 글을 쓸 수 없는 곳에서 독서를 할 때면 독서 앱을 주로 사용한다. 가끔 마트에 가면 우유에 요구르트가 식용유에는 종이 행주가 증정용으로 붙어 있을 때가 있다. 1+1, 나에겐 독서에 함께 붙어 있어야 할 것은 독서 노트라고 생각한다. 독서 노트는 책과 함께 다닌다. 독서 노트를 쓰지 않는 것은 식용유를 쓰고 종이 행주로 프라이팬을 닦지 않은 것과 같다. 열심히 읽기만하고, 머릿속에는 정리가 되어 있지 않은 것이다.

'작가'란 자신의 떠오르는 생각을 글로 적고, 사람들과 공유하는 사람이라고 생각한다. 대부분 자기 생각을 그냥 흘려보낸다. 작가는 자기 생각들을 글로 적는 것이다. 누군가에게 공감이 되기도 하고 위로가 되기도 한다. 어쩌면 누군가에겐 평범한 이야기일지라도 자신의 글을 쓰면서 '작가'가 되는 것이다. 독서 노트를 쓰면서 모두 '작가'가 되는 것이다.

책을 제대로 읽고 싶다면 제일 먼저 노트를 한 권 챙겨오자. 그리고 이 글을 읽고, 떠오르는 생각, 당신의 감정을 적어보자. 한 문장이어도 괜찮다. 힘들다면 키워드만이라도 적어보자. 한 글자 한 글자가 모여 당신의 책이 만들어질 것이다.

우리가 책을 읽는 이유는 우리의 인생을 더욱 행복하게 살기 위해서 배우려는 것이다. 그리고 책을 통해 배운 것, 지식, 생각, 당신의 삶을 노트에 적으면 당신만의 책을 만들 수 있다.

정약용의
독서법을 훔쳐라

—

속도도, 재미도 아닌 책의 내용을 얼마나
이해했는지, 재생산, 재창조할 수 있는가.

독서를 하면서 내 주변에 책을 읽는 사람, 책에 흥미를 느끼는 사람, 책을 통해 일하는 사람들이 많아지기 시작했다. 나는 '우리나라에 생각보다 많은 사람이 책을 읽고 있구나.'라는 생각이 들어서 인터넷 검색창에 '우리나라 독서량'을 검색해보았다. 문화체육관광부가 공개한 '2019년 국민독서 실태조사' 보고서에 따르면 종이책과 전자책을 합친 한국 성인의 연간 독서량은 6.1권으로 조사되었다. 2018년 문화체육관광부에서 발표된 통계자료를 보면 우리나라 성인 중 40%의 연간 독서량은 0권이었다. 실제로 책을 읽는 사람들의 연간 독서량도 평균 8.3권이다. 온 국민이 한 달에 한 권도 읽지 않는 것이다. 게다가 앞으로 더욱 독서량이 줄어들 것이라는 말도 있다.

나는 이 글을 보고 충격을 받았다. 유튜브를 하면서 북튜브도 정말 많다는 것을 알게 되었고, 블로그나 SNS에 독서 리뷰나 독서 일지를 포스팅하는 사람이 많았기 때문에 나는 책을 읽는 사람이 많으리라 생각했다. 기사를 엄마에게 이야기해주었더니 "영화야, 우리 주변만 봐도 알 수 있잖아."라고 대답했다. 나는 그제야 "아, 맞네요. 내 주변에는 책 읽는 사람이 거의 없네? 있으면 한두 명?"이라고 대답했다.

'우리나라 독서량'을 검색하다가 우리나라의 독서량에 대한 걱정이 꽤 오래전부터 시작되었다는 것을 알게 되었다.

1972년 2월 15일 〈경향신문에〉 실린 "成人(성인)40%가 책 外面(외면)"라는 기사를 보면, 국립중앙도서관의 설문 조사 결과, 국민 중 성인의 경우에는 월 평균 1권의 책도 읽지 않는다고 했다. 우리나라 독서량의 부족이 1970년대부터 이미 시작되었던 것이다.

2년 전만 해도 나는 1년에 책을 한두 권도 안 읽던 사람이었다. 가끔 어린이집 일이 힘들고, 답답하면 관련된 책을 읽었던 것이 전부였다. 책을 읽는 것이 좋은 것인지는 알지만 책이 나에게 어떤 도움을 줄 수 있는지 몰랐고, 주변에는 책을 읽는 사람도, 책을 읽으라고 하는 사람도 없었다. 어느 날 갑자기 '더는 이렇게 살고 싶지 않다. 나는 이런 삶을 물려주고 싶지 않아.'라는 생각에서 시작된 엄마의 독서와 엄마의 권유로 시작된 나의 독서가 지금까지 이어졌다. 지금은 스스로 책을 구매해서 읽기도 하고, 사람들에게 책을 추천하기도 한다.

우리의 선조 중에서는 독서를 하는 사람들이 많았다고 한다. 현재에는 일본의 연간 독서량이 우리나라보다 높지만, 예전에는 우리나라 선조들의 독서량이 일본의 독서량보다 더 높았다고 한다. 우리의 선조 중 내가 이 책에서 소개하고 싶은 사람은 『목민심서』의 저자 정약용이다. 정약용의 독서법은 이미 많은 사람이 알고 있고, 실천하고 있기도 하다. 바로 초서 독서법이다. 독서 노트를 쓰는 것이 어려웠던 내가 '독서 노트 쓰는 법'을 검색하다가 우연히 알게 된 것이 초서 독서법이었다. 초서 독서법은 내가 주로 사용하는 독서법이라는 것이었다. 초서 독서법을 알게 된 뒤부터 좀 더 세밀하게 독서법을 적용하게 되었다. '나처럼 알지 못하는 사람이 있지 않을까?'라는 생각에 정약용의 독서법을 알려주고자 한다.

정약용이 두 아들에게 보낸 편지를 보면 초서 독서법이 무엇인지 알 수 있다.

"독서에는 3가지가 있다. 입으로 읽고, 눈으로 읽고, 손으로 읽는 독서다. 그중에서 가장 중요한 것이 손으로 읽는 독서 초서다."

대부분 초서 독서법이란 내용을 발췌하고, 필사하는 것으로 생각한다. 그러나 초서 독서법을 제대로 활용하는 사람들은 이 독서법은 필사를 넘어 한 권의 책의 자신의 것으로 소화하는 방법이라고 말한다. 책을 자신의 것으로 만드는 초서 독서법도 정약용이 두 아들에게 쓴 편지에서 알 수 있다.

"먼저 자신의 생각을 정리한 후 그 생각을 기준으로 취할 것은 취하고 버릴 것은 버려라."

이 말은 정독하면서 내 마음에 와닿는 문장, 끌리는 글, 공감되는 글에 색연필이나 볼펜으로 밑줄을 긋는 것이다. 나는 밑줄을 긋고, 책의 모서리를 접거나, 포스트잇 플래그를 붙여 놓는다.

첫 번째 방법은 책의 전체 내용에서 내가 필요한 문장, 나에게 공감이 되는 문장을 찾아내는 것이기 때문에 정보를 선별할 수 있는 능력이 길러진다. 처음에는 밑줄을 그어야 할 곳이 많다. 이 말도 좋고, 저 말도 좋고, 모두 나에게 와닿는 것 같다. 그러면 그 문장을 모두 밑줄 그으면 된다. 문장이 멋있어 보이거나, 깨닫게 해주는 문장, 내가 인용하고 싶은 문장에 밑줄을 반복해서 긋는 연습을 하다 보면 나중에는 정말 필요한 좋은 글, 정보에만 밑줄을 긋게 된다.

"자신만의 생각이 만들어지면 선택하고 싶은 문장과 함께 자신의 생각을 기록하라."

받아 적는 것은 필사하는 것이다. 필사는 사고를 확장하는 데 가장 좋은 방법이라고 알려져 있다. 나에게 중요하다고 생각하는 문장만 뽑아내어 필사하기 때문에 나에게 많은 도움을 준다. 천천히 적다 보면 생각이 확장되고, 문장을 되새겨볼 수 있다. 또, 저자의 입장에서 생각해볼 수 있다. 나는 필사를 검정 볼펜으로 받아 적는다. 받아 적을 때에는 글자를 있는 그대로 적는 것이 중요하다.

독서 노트에 내가 뽑아서 적어놓은 문장은 나만의 노트가 되는 것이다. 나중에 이 책을 다시 볼 필요가 없이 노트만 보아도 그 책의 핵심을 확인할 수 있다. 나의 독서 노트 속 문장을 자주 보면 내 생각이 되고, 나의 지식, 자산이 된다.

마지막으로 받아 적은 문장 아래에 내 생각을 적는다. 나는 파란색 볼펜으로 나의 생각을 적고, 떠오르는 아이디어가 있으면 빨간색 볼펜으로 적어 넣는다. 처음에는 '무얼 적어야 하지?' 고민이 되었다. 책을 읽으면서 생각을 한 적이 없었던 것 같다. 독서 노트를 쓰고, 초서 독서법을 활용하면서 조금씩 사고가 확장되고, 내 생각이 늘어나는 것을 확인할 수 있었다. 처음에는 필사 한 줄 하면 아래에 내 생각도 한 줄을 적었다. 정말 쓸 말이 없을 때는 키워드로 적기도 했다. 생각이 떠오르지 않는 경우 스트레스를 받지 말고 딱 한 문장. 내가 왜 이 문장을 적었는지, 문장을 보았을 때 어떤 느낌이 들었는지, 좋았으면 '좋아서 적었다'고 한 문장이라도 적어야 한다.

느낌도 떠오르지 않는다면 문장을 요약해서 적어보자. 조금씩 생각을 끄집어내는 연습을 하면서 필사 한 줄에 내 생각 3줄, 필사 3줄에 내 생각 한 장. 이런 식으로 나의 사고가 확장되었다. 독서를 할 때뿐만 아니라 일상생활 중에서 작은 것을 보고도 생각할 것이 많아지고, 할 이야기가 많아진다. 저절로 말하기 실력도 높일 수도 있다.

이 노트는 나만의 노트이기 때문에 멋진 말을 적으려고 노력하지 않아도 된다. 그 문장을 나만의 방법으로 풀어서 적어도 되고, 그 문장을 요약해도 된다. 문장을 통해서 내가 느낀 점만 적으면 된다. 생각나는 것을 모두 적으면 된다. 세 번째 나만의 생각을 적는 것이 제일 사고를 확장해주는 단계이다.

나는 이 초서 독서법으로 내 생각을 정리할 수 있는 시간도 가지게 되었다. 독서할 때뿐만 아니라, 화가 나거나 우울한 감정이 들었을 때, 부정적인 생각이 떠오를 때 노트에 나의 떠오르는 생각과 감정을 모두 적어놓는다. 그러면 신기하게도 잠시 뒤 그 문제의 해결방법이 떠오르기도 하고, 내가 쓴 글을 읽으면서 나의 잘못된 점, 내가 바뀌어야 할 점, 내가 화가 나는 이유에 대해 알 수 있다. 그러면 색깔 볼펜으로 그 위에 다시 떠오르는 생각들을 적어놓는다. 나 자신을 알게 되고, 나를 되돌아보는 시간을 가지게 된 것이다.

"이런 식으로 독서를 하며 자신의 공부에 도움이 되는 것은 뽑아서 기록하고, 그렇지 않은 것은 재빨리 넘어가라. 이렇게 책을 읽으면 100권이라도 열흘이면 다 읽을 수 있고, 자신의 것으로 삼을 수 있다."

처음부터 독서 습관이 제대로 잡혀 있다면 책을 읽는 것이 쉽고, 재미있을 것이다. 독서가 나를 성장시켜준다. 우리가 처음 수영을 배우려고 할 때, 아무것도 모르는 백지 상태에서 수영 코치에게 제대로 배우면 처음부터 제대로 된 수영 습관을 가지게 된다. 그런데 자기 스스로 수영을 하다 보면 올바르지 못한 습관을 만들게 된다.

내가 처음 친구와 수영장에 갔을 때, 친구는 나에게 "영화야, 너 수영 잘해?"라고 물었고, "나 수영 하나도 못 해."라고 대답했다. 나는 내 나름대로 수영하는 법을 터득해서 수영할 때 숨을 쉬지 않고 헤엄친다. 숨을 쉴 때는 제자리에 멈춰 서서 숨을 쉬고 또 앞으로 헤엄쳐 나갔다. 그런 나의 모습에 친구는 "정말 수영 못 할 줄 몰랐다. 내가 오늘 가르쳐줄게."라고 말하며 나의 습관을 고쳐주려고 했지만 이미 몸에 밴 습관을 하루 만에 고치기는 힘들었다. 그 후로 몇 번 더 수영을 배우려고 했지만, 전문가에게 배운 것도 아니었고, 나름대로 물놀이가 재미있게 느껴져서 제대로 된 수영법을 아직 배우지 않고 있다.

처음 어떻게 습관을 만드는지에 따라 나의 모든 삶이 결정된다. 인간은 습관의 동물이기 때문이다. 자신의 마음대로 독서를 하고, 독서 노트를 만들어 사용하면 도움이 될 수도 있다. 더욱 성장하고 싶고, 책을 읽는 것이 나의 삶에 도움이 되었으면 한다면 제대로 된 독서법을 알고 실천해야 한다. 독서에서 중요한 것은 '속도도, 재미도 아닌 책의 내용을 얼마나 이해했는지, 재생산, 재창조할 수 있는가.'이다.

(6)

인생을 바꾼
천재들의 탁월한 독서법

–

독서란 스스로 살아가는
힘을 길러준다.

인생을 쉽게 바꿀 수 있을까?

사람은 바뀌기 힘들다고 말한다. '사람이 갑자기 변하면 죽을 때가 되었다.'라는 말도 있다. 그런데 독서 하나로 삶을 바꾼 사람들이 있다. 과학자인 아인슈타인, 마이크로소프트 설립자 빌 게이츠, 방송인 오프라 윈프리, 철학자 소크라테스, 애플의 설립자 스티브 잡스, 세계은행 총재 김용, 대문호 셰익스피어 등 독서로 삶이 바뀐 사람들은 너무나 많다. 명사들이 책을 읽는 이유는 무엇일까?

"오늘의 나를 있게 한 것은 우리 마을의 도서관이었다. 하버드 졸업자

보다도 소중한 것이 독서하는 습관이다."

빌 게이츠의 말처럼 위의 사람들이 있게 한 데에는 독서가 있었기 때문이다. 내가 책을 읽으면서 알게 된 것은 명사들에게는 저마다 특별한 독서법이 있다는 것이다. 영국의 전 총리인 윈스턴 처칠은 모국어보다 외국어로 쓰인 책으로 책을 읽는 습관을 들여 시야를 넓혔고, 세종대왕은 손이 닿는 곳곳에 책을 비치해두고 짬이 날 때마다 책을 읽었다. 또, 백독백습(百讀百習), 즉 책 한 권을 100번 읽고, 100번 필사하기를 통해 책 한 권의 지식을 온전히 자신의 것으로 만들었다.

프랭클린 루스벨트 대통령은 독서할 때 늘 사전을 옆에 두고 모르는 단어를 찾아보라고 말했다. 내용의 이해력을 돕고, 어휘력도 높일 수 있다. 중국의 최고 지도자 마오쩌둥은 많이 읽고, 많이 쓰고, 많이 생각하고 많이 묻는 '사다(四多)' 독서법을 이야기했다. 마오쩌둥은 손에 펜을 쥐지 않고서는 책을 읽지 않는 습관을 길렀고, 짬짬이 필사 노트와 발췌 노트를 보면서 머릿속에 새기고 정치에 인용했다고 한다. 존 F. 케네디 대통령은 책을 읽은 후엔 토론을 하라고 말했다. 4세 때부터 독서 토론을 즐긴 그는 한 가지 주제에 대한 통찰력을 키워나갔고 같은 책을 읽어도 서로 다른 견해를 주고받았다. 토론을 통해 다른 사람의 입장에 대해서도 한 번 더 생각하는 배려심을 키울 수 있었다. 이랜드그룹 박성수 회장은 매년 틈을 내서 100권의 책을 읽었고, 점심시간이면 도시락을 15분 만에 먹고 나머지 45분간 책을 읽는 독서를 했다. 그는 직원들에게도 자신의 독서법을 공개하며 독서를 권했다.

조선 후기 실학자 겸 소설가였던 연암 박지원은 읽은 책의 내용과 형식을 모방해 글짓기 연습을 하라고 말했다. 연암 박지원은 사마천의 삶과 〈사기〉에 깊이 빠져들어 내용과 형식을 모방해 글쓰기를 시도했다고 한다. 유명한 독일 물리학자 알베르트 아인슈타인은 걸러 내기 독서를 하라고 말한다. "뼈대를 파악하고 쓸데없는 내용은 버려라." 과학자였던 아인슈타인은 시대에 뒤떨어지는 것들에 대해서는 자세히 읽지 않았고, 유익하다고 생각하는 것만 따로 적어 연구에 적용했다.

독일의 소설가 헤르만 헤세는 읽고 싶은 책을 먼저 읽으라며 동양과 서양 고대와 현대의 책을 조화롭게 읽으라고 말했다. 아이작 뉴턴은 책에 줄을 긋고 메모하며 읽으라고 말했다. 뉴턴은 책을 아끼는 법이 없었다. 책장의 여백에는 순간순간 떠오르는 아이디어와 궁금증, 이해되지 않는 부분을 적은 메모로 가득했다. 중요한 부분에는 무조건 밑줄을 그었고 여러 번 들여다보았다.

독서에 관련된 책을 읽으면서 그들의 공통점을 발견할 수 있었다.

첫째, 독서를 통해 삶에서 중요한 것이 무엇인지 알고, 그것을 이루기 위해 어떻게 해야 하는지 찾아나선다. 나는 처음 책을 읽으면서 '책은 책, 책 속의 저자이기에 가능한 일'이라고 생각했다. 독서 노트를 쓰고 책에 있는 방법들을 조금씩 행동하면서 나의 삶에서 중요한 것이 무엇이고, 나의 꿈을 이루기 위해 어떻게 해야 하는지 알 수 있었다.

둘째, 자신만의 방법으로 독서법을 만들어 삶에 적용했다. 사람마다 다양한 방법으로 책을 읽는다. 인생을 바꾼 천재들은 자신만의 방법으로 책을 읽었다. 필사, 백독백습, 생각 적기, 독서 토론, 메모, 발췌독, 아침 독서, 자기 전 독서 등 다양한 방법이 있다. 나도 꾸준히 책을 읽으면서 다양한 독서법을 나에게 적용했고, 나만의 독서법이 만들어졌다. 이렇게 자신만의 독서법이 있으면 더욱 성장하는 독서를 할 수 있다.

셋째, 일반 독자들은 책을 읽고, 생각하고, 질문하고, 토론하고, 기록하지만 명사들은 생각하고 질문하고 토론하고 기록하는 독서에서 더 나아가 연결하고 구축하고 공유하고 창조하는 독서를 했다. 확장된 독서를 통해 사람들에게 많은 것을 알려주었고, 세계가 이렇게 발전할 수 있었다.

넷째, 그들이 책을 읽는 목적은 몇 권을 읽느냐가 아니라 얼마나 많은 플랫폼을 구축하느냐이다. 책을 좋아하지만, 책을 좋아한 목적이 자신의 목표에 대한 거대한 지식과 아이디어의 플랫폼 구축이었고, 책은 수단에 불과했다. 삶의 목표를 위해 읽었기 때문에 독서력과 독서량이 일반 사람들에 비해 엄청났다.

다섯째, 그들에게는 모두 시련이 있었지만, 시련 속에서도 손에서 책을 놓지 않았다는 것이다. 오늘 서점에 갔는데 사장님이 이런 말을 했다. "사람들이 힘들고, 고통스러울수록 책을 읽어야 하는데 돈이 많고, 넘쳐 나야 책을 읽기 시작한다. 사람들은 정말 독서를 안 한다." 나도 같은 생각이다. 힘들고 괴로울수록 더욱 힘들어지는 이유는 문제가 무엇인지 모르기 때문이다. 그 문제를 해결할 수 있는 방법은 책에 있다. 명사들은 모두 책을 통해 배웠고 성장했다.

독서를 통해 삶이 바뀌었고, 내 삶도 바꿔준 사람이 나의 가까이에 있다. 나의 엄마이자 『독서의 기적』저자 정미숙이다. 엄마는 46년 동안 힘든 일이 많았다. 살아오면서 행복한 순간도 있었지만 힘들고 괴롭고 죽고 싶었던 날도 많았다고 했다. 이랬던 엄마가 어떻게 작가가 되었을까? 우리 3남매의 모습을 보면서 엄마의 삶을 우리가 되풀이하고 있다는 생각이 들었다고 했다. '내가 바뀌지 않으면 우리 아이들도 나처럼 살지 않을까?' 그 모습을 상상하니 가슴이 아팠다고 했다. 엄마는 바뀌기 위해 시작한 것이 독서였다. 독서는 엄마의 삶을 통째로 바꿔놓았고, 나와 가족, 주변 사람들까지 조금씩 바뀔 수 있도록 만들어 주었다. 우리의 주변에는 좋은 일만 생기기 시작했다. 흔히 말하는 '운 좋은 사람'이 되었다. 그래서인지 엄마는 늘 독서의 중요성을 강조하고 있다. 나 또한 독서를 통해 삶이 바뀌면서 주변 친구들과 지인들에게 책을 읽으라고 이야기하고 있다. 책을 읽으면 나 자신이 제일 먼저 바뀐다.

독서란 스스로 살아가는 힘을 길러준다. 엄마와 내가 가게에서 책을 읽고 있으면 가끔 "사람들이 독서를 왜 해야 하나요?"라고 물어보는 손님이 있다. 우리 모녀는 "성공하기 위해서, 행복하기 위해서 책을 읽어야 한다."라고 말한다. 그러면 사람들은 "책 읽고 성공하면 모든 사람이 책을 읽었지."라고 대답한다.

사람들은 하루에 5만 가지 생각을 한다는 연구 결과가 있다. 중요한 것은 그 생각의 95%를 어제도, 오늘도, 그저께도 똑같이 하고 있다는 것이다. '생각은 행동을 이끌고 행동은 결과를 만들어 낸다.' 우리가 늘 똑같은 문제를 반복하고, 똑같은 삶을 사는 이유는 매일 똑같이 생각하고 있기 때문이다. '나는 제대로 살고 있는가? 나는 제대로 된 생각을 하고 있을까?' 궁금하다면 당신의 일상을 보면 된다. 당신의 삶이 꿈에 그리던 삶인가? 내가 꿈꾸는 현실과 삶은 차이가 있다. 대부분 사람들은 '꿈은 꿈일 뿐이다.'라는 현실주의자 마인드이다. 우리는 꿈꾸던 삶을 살기 위해서 지금까지 매일 똑같이 생각했던 것을 멈추고 어제와 다른 생각을 시작해야 한다.

'어떻게 생각을 바꿔야 하나요?' 나도 처음엔 주변에 물어보고, 유튜브 영상으로 강연을 보기도 했지만 달라지는 게 없었다. 우리는 주변에 물어보지만 알고 보면 그 사람들도 성공하지 못했고, 나와 똑같은 문제를 가지고 있다. 나의 평균은 주변의 5명을 보면 알 수 있다고 했다. 당신의 주변 사람들은 당신을 지금의 자리에 머물게 한다.

그러면 어떻게 해야 할까? 성공한 사람들을 만나야 한다. 이렇게 말하면 '부자를 내가 어떻게 만나?' 하며 포기하게 된다. 포기하지 말자. 우리는 그래서 책을 읽는다. 책은 성공한 사람들이 적어놓은 그들의 노트이다. 자신의 성공방법, 자기 생각을 적어놓았기 때문에 우리는 책을 통해 성공한 사람들과 대화하고 행동과 생각을 배우게 된다.

우리 가게에 오는 어떤 사람들은 책값이 너무 비싸다고 투덜거린다. 과연 책값이 비싼 것일까? 우리가 유명한 명사들과 이야기 나누고, 그들의 생각과 행동을 보고 들으려면 얼마를 지급해야 할까? 우리는 책으로 그들의 가치를 사서 삶의 목표로 다가가는 데 시간을 줄일 수 있고, 나의 가치를 높일 수 있다. 사람들은 '명품은 값어치를 한다'고 말한다. 책은 명품보다 더 귀한 것인데 사람들이 종이로만 생각한다.

나는 25살에 책을 읽기 시작했다. 어떻게 보면 주변 사람들보다 빨리 시작했지만 읽으면서 '조금만 더 빨리 이걸 깨달았더라면 인간관계가 쉬웠을 텐데. 빠르게 내 꿈을 이룰 수 있었을 텐데.'라는 아쉬움이 남는다. 그래도 지금 이렇게 성장하고, 삶이 바뀌어서 행복하게 살고 있다는 것을 깨달은 것만으로도 충분히 감사하고 기쁘다. 그래서인지 특히 젊은 사람들에게 책을 더욱 추천한다.

당신이 궁금해하는 질문들의 답은 모두 책 속에 있다. 옛말에 '책 속에 답이 있다.'라고 했는데 그 이유를 알 것 같다. 책을 읽고 바뀐 생각을 행동으로 연결하면서 삶을 개선해가면 된다.

나는 오늘도 원하는 삶을 살기 위해 생각과 행동을 바꾸는 책을 읽는다.

7

내 삶을 바꾼
가장 현실적인 독서법

–

무슨 일을 할 때는 그 일을
쪼개서 계획해야 한다

신은 모든 사람에게 공평하다고 했다. 예전에 나는 신은 불공평하다며 신을 미워하고 분노했다. 왜 누구는 잘살고 부자이고 편안하고 행복한데, 나는 불행하고 매일 일만 해야 하고 힘들기만 할까? 신은 정말 불공평하다고 불평했다.

이런 내가 책을 읽고 깨달은 것은 '흔들리지 않고 자라는 꽃은 없다'는 것이다. 모든 꽃은 씨앗에서 싹이 된 후 땅을 뚫고 나온다. 싹은 비바람을 맞고, 햇볕도 쬐면서 성장해나간다. 나는 다른 꽃은 보지 않고 내가 비바람을 맞고 있는 상황만 보고 있었다. 다른 꽃이 비를 맞을 때는 보지 않고, 나는 나만 보고 살아온 것이다. 모든 사람에게는 크고 작은 시련과 상처가 존재한다. 그런 상처를 잊지 못한 채 비바람을 탓하며 시들 것인지 비바람을 이겨낸 뒤 따뜻한 햇볕을 반기며 더욱 크게 성장할 것인지는 자신의 몫이다.

이것을 알게 된 뒤로 나는 '신은 공평하다.'고 말하고 있다. 그 이유는 모든 사람에게 크고 작은 시련이 존재하고, 똑같이 '24시간'이라는 선물을 받기 때문이다. 매일 모든 사람이 시간을 선물받는다. 그런데 어떤 사람은 이 시간을 선물이라고 생각하지 않고, 얼른 지나가길 바라며 헛되이 보낸다. 성공한 사람들은 시간을 돈보다 더욱 귀하게 여긴다. 그래서 다른 사람의 시간을 돈으로 사서 자신의 시간에 자기계발을 한다. 나는 이 모습을 보고 '지금껏 내가 알고 있던 세상, 내가 살아온 세상은 이 세상에 일어나는 일 중에서 손톱만큼 작은 것이었구나, 나는 이것으로 화를 내고, 상처받고, 힘들어하고, 행복해하며 살고 있었구나.'라는 생각이 들었다.

요즘 아침에 눈을 뜨면 유튜브 '5분 명상'을 듣고 따라 한다. 명상에서 제일 먼저 "내 생에 단 하나뿐인 오늘, 특별하고, 소중한 오늘이 시작되었습니다. 여러분의 오늘 하루는 어떤 모습일까요?"라는 소리가 들린다. 직장생활을 하던 때에는 아침에 일어나는 것이 너무 싫었다. 쳇바퀴 돌듯이 매일 해야 하는 일들이 생각나면서 짜증부터 났다. 짜증으로 시작된 하루는 짜증으로 끝난다.

책을 읽고 긍정적인 마음으로 변하면서 아침은 나에게 설레는 시간이 되었다. '나의 인생에 단 한 번뿐인 오늘이 왔네. 오늘은 나에게 어떤 일이 일어날까?' 칼국수 가게를 운영하는 지금도 매일 똑같은 레퍼토리로 하루가 흘러간다. 조금 바뀐 것이 있다면 그 레퍼토리 안에서 매일 새로운 것을 찾아내고, 매일 조금씩 성장하는 나를 발견할 수 있다는 것이다.

아침 명상을 하면서부터 아침을 기분 좋게 시작하고, 나를 온전히 느낄 수 있는 시간이 생겼다. 명상소리를 들으며 미소를 짓고 '나는 오늘도 행복한 하루를 보낼 거야.'라고 마음속으로 외친다. 명상을 한 날에는 기분 좋은 일들이 많이 일어난다. 명상하고, 스트레칭을 끝내고 내려오면 몸이 가뿐하다.

2년 전까지만 해도 내 삶이 이렇게 변할 줄 몰랐다. 책을 읽으면서 나의 삶은 긍정적으로 변해갔다. 내가 책을 읽고 삶을 긍정적으로 바꿔준 가장 현실적인 독서법을 알려주고자 한다.

9월은 '독서의 계절'이라고 부른다. 매년 1월이면 '다이어리의 시기'라고 말하며 사람들이 다이어리를 구매하기 바쁘다. 9월엔 다양한 책이 많

이 출간되고, 볼펜과 노트가 팔리는 시기이다. 현실적인 독서법 첫 번째
는 지금껏 스마트폰을 보며 지쳐 있던 일상에서 벗어나 독서하면서 나를
돌아보고, 노트에 예쁜 글씨체로 자기 생각과 느낌, 책 속의 명언을 적어
보자. 독서 노트는 앞에서도 말했듯이 정말 중요하다. 명사들도 활용했
던 독서법이기도 하고, 나의 삶을 바꿔준 독서법이기도 하다. 독서 노트
사용법은 앞에 자세하게 설명해놓았으니 두 번째 독서법을 이야기하겠
다.

　나의 삶을 바꿔준 현실적인 독서법 두 번째는 행동이다. '행동이 무슨
독서법이야?'라고 물을 수도 있지만 나는 책을 통해서 하는 행위, 행동,
생각, 사고는 모두 독서라고 생각한다. 책을 읽고 있는 것만이 독서는 아
니다. 책을 1년 정도 꾸준히 매일 읽었지만 변하는 것이 없었다. 나는 독
서 노트에 적은 것을 실천하기로 했다. '실천하지 않는 것은 책을 읽지 않
은 것과 같다'는 생각이 들었다. 실천을 안 하면 아무리 책을 읽어도 박학
다식한 바보일 뿐이었다.

　내가 공감하는 것이 부족하다고 느꼈을 때 공감 능력을 키우고 싶은
마음에 『공감연습』이라는 책을 구매해서 읽었다. 그리고 그날 친구 A에
게 연락이 왔다. 오랜만에 연락이 와서 반가움도 잠시 친구는 신세 한탄
과 힘들다는 이야기뿐이었다. 나는 점점 기운이 빠지고 그만 듣고 싶다

는 생각이 들었다. 그때 '아, 책에서 이럴 때 그 사람의 마음을 읽어주고, 상대방의 말을 되풀이하라고 했지.'라는 생각이 들었지만, 말이 입 밖으로 나오지 않았다.

나는 그 상황에서 '어쩌면 사람들이 나처럼 어떻게 말해야 하고, 어떻게 행동해야 하는지 알지도 몰라. 그런데 연습하지 않고 말해본 적이 없어서 낯설고, 말하기 힘들 거야.'라는 생각이 들었다. 결국 A에게 "그랬구나, 속상했겠다. 힘내."라는 작은 공감만 해주었고, 스스로는 답답함을 느꼈다. '그게 뭐라고, 그 말을 못 해줘? 친구가 속상해하잖아.'라며 나를 비난했다.

책을 읽고, 쓰기만 한다고 해서 내 삶이 달라지는 것은 아무것도 없었다. 머릿속으로는 '그렇게 하면 안 되는데.'라고 말하지만, 나의 행동은 어제와 다를 것이 없었다. 독서를 하면서 사고를 바꾸는 것이 정말 힘들었다. 내가 알고 있던 나 자신을 내려놓고 받아들인 후 개선해야 하니까. 그런데 행동을 바꾸려고 할 때도 이런 과정이 필요했다. 내가 하는 행동을 인식하고, 이것을 고치기 위해 바른 행동을 실천하는 것.

나는 그날 이후에 가족들에게도 공감해주려고 했지만 턱 밑까지 차오르는 말은 입 밖으로 내뱉기가 어려웠다. '나의 말투를 바꾸지 않으면 내 주변 사람들도 나에게 이렇게 말할 것이고, 나중에 나의 아이들도 사람들에게 이렇게 말하겠지?' 나는 그렇게 상상하니까 끔찍했다. 공감할 줄 모르고 공감받지 못하는 사람들. 그 뒤로 독서 노트에 적은 것, 독서를 통해 배운 것을 그날그날 조금씩 행동하기로 했다.

"네가 그렇게 했잖아."라고 말하고 상대방이 기분 나빴겠다고 생각하면 "미안, 말투가 기분 나빴지?"라고 바로 이야기했고, 주변 사람들에게 내가 화난 표정, 화난 말투를 하고 있으면 이야기해달라고 했다. 우리 가족은 그렇게 조금씩 습관을 고쳐서 지금은 서로 화가 나도 예전만큼 다투는 일이 줄었고 금방 화해할 수 있다.

세 번째는 독서 목표를 정하는 것이다. 내가 처음 독서를 시작했을 때 독서를 '왜 해야 하는가?, 얼마나 읽어야 하지?, 매일 한 권씩 읽어야 하는가?' 다양한 질문이 쏟아졌다. 누군가에게 검사를 받을 일도 시험을 칠 일도 없는데 혼자서 많은 생각이 들었을 때, 엄마가 "영화야, 독서에도 목표를 정해야 해. 1년에 100권이면 100권, 많으면 50권부터 시작하던지."라고 말했다. 나는 "내가 1년에 2권도 안 읽었는데 할 수 있을까요?" 물어보았고, 엄마는 "그렇게 생각하면 읽기 싫어지고, 책을 읽기가 힘들어 항상 무슨 일을 할 때는 그 일을 쪼개서 계획해야 해. 영화는 처음에 몇 권을 읽을 거야?"라고 물었고, "일단 처음 시작하는 거니까 1년에 50

권 읽어볼게요!"라고 말했다. 1년에 50권을 읽기 위해서는 한 달에 4권을 읽으면 된다. 그러면 일주일에 1권씩만 읽으면 1년에 50권이 된다. 그렇게 생각하니까 힘들지 않게 느껴졌다. 일주일에 2권은 읽었는데 일주일에 한 권만 읽어도 50권이라니! 그렇게 시작해서 독서 목표를 하나 설정하고, 또 하나의 목표를 설정해야 한다. '왜 책을 읽어야 하는가'이다. 열심히 책을 읽는 것도 중요하지만 내가 무슨 뜻을 가지고 책을 읽느냐에 따라 마음가짐이 달라진다. 나는 책을 읽으면서 삶이 긍정적으로 바뀌는 것을 느꼈고, 앞으로 더 행복해지기 위해 책을 봐야겠다고 생각했다. 내가 알고 있는 것은 그렇게 많지 않다. 그래서 삶이 힘든 것이다. 그런데 책을 읽으면서 성장해가는 나의 모습을 발견할 수 있다.

내 삶을 바꾼 가장 현실적인 독서법 첫 번째, 독서 노트를 쓰자. 두 번째, 독서 목표를 설정하자. '내일의 행복을 위해 오늘 나는 무엇을 해야 하는가.' 이 말을 항상 생각해보자. 우리는 이 세상에 부모님이 낳아주셔서 사는 것이 아닌 내 삶을 살기 위해 태어난 것이다. 그러므로 나의 세상을 꾸려나가야 한다.

5장

평범한
직장인에게
독서는
가장 큰 무기다

1

결국 독서가
나를 살렸다

—

독서는 나의 삶을 바꾸어주었고,
내가 숨 쉴 수 있게 만들어주었다.

사람들은 독서를 왜 하냐고 묻지만, 우리 가족은 행복을 위해 독서 한
다고 말한다. 독서는 엄마와 나의 숨통을 틔워주었다. 독서하기 전 엄마
는 매일 가슴이 답답하고 뜨거운 무언가가 올라오는 느낌이었는데, 책을
읽은 뒤로는 산 정상을 올랐을 때만큼 가슴이 뻥 뚫리고 시원하다고 말
한다. 나도 무슨 느낌인지 알고 있다.

억울함과 답답함에 몸과 마음, 머리가 무거웠는데 독서를 하고, 깨닫
게 되면 나의 속이 뻥 뚫려 있고, 시원한 공기가 배 속으로 들어왔다가
나가는 느낌이다. 내 속이 뻥 뚫린 느낌. 차가운 아이스크림을 먹고 아이
스크림이 몸속으로 내려가는 느낌을 느낄 때가 있다. 이 느낌 정말 가뿐

하고 하늘을 날 것처럼 기쁜 느낌이다.

직장생활을 할 때 나는 얼굴은 웃고 있어도 마음은 매일 우울했다. '오늘은 또 어떤 죄송한 일이 일어날까?'라는 생각뿐이었다. 처음 독서를 시작하고 직장생활, 가족관계에 적용해 나가면서 나는 다양한 시행착오를 겪었다. 책을 읽는 것을 여러 번 포기했을 정도이다.

그래도 꾸준히 독서할 수 있었던 이유는 엄마가 옆에서 책을 읽으라고 이야기했고, 조언들이 나에게 많은 공감이 되었고, 엄마가 말을 할 때마다 성장하고, 바뀌고 있는 모습에 놀랐기 때문이다. '엄마의 인생이 이렇게 변하는데 나의 삶도 달라지지 않을까?'라는 마음에 엄마가 책 읽으라고 하면 다시금 책을 집어 들었다. 만약 그때 포기했더라면 사람들과의 관계는 점점 나빠지고, 직장생활도 많이 힘들어졌을 것이다.

직장생활을 할 때 나는 사람들을 이해할 수 없었다. 어린이집에서 아이들을 하원시키면 학부모님들에게 매일 연락이 왔다. "선생님, 우리 애 손에 상처가 났는데 이거 어디서 다친 거예요?"라고 나는 "네? 상처요? 어디요?"라고 물으면 카카오톡으로 사진이 날아온다. 정말 실처럼 얇은 상처. 나는 여러 명의 아이를 보고 있었다. 종일 한 아이만 볼 수 있는 것이 아니다. 아이가 다친 것을 확인하지 않은 잘못이 있지만, 아이가 다친 것을 나에게 말하지 않았고, 아프다고 하거나 우는 모습을 보지 못했다. "죄송합니다. 오늘 울거나 아프다고 한 적이 없어서 몰랐어요. 다음부터 더 신경 써서 볼게요."라고 말하는 것이 최선이었다.

어린이집 교사는 죄인된다. 학부모님이 원장실로 전화하면 원장님께 "죄송합니다."라고 말하고, 학부모님께 전화 오면 "죄송합니다."라고 말한다. 아이들에게도 매일 '미안해'가 일상이 된다. 정신없는 하루를 보내고 나면 죄송한 일과가 시작된다. 가끔 어린이집에 등교할 때 화상을 입은 아이, 크게 넘어져서 커다란 밴드를 붙이는 아이, 이마를 다쳐서 오는 아이 등 아이들의 모습을 보면 당황스러울 수밖에 없다. 집에서 다쳐서 오는 게 더 컸기 때문이다.

내가 놀라서 아이가 왜 이렇냐고 물으면 멋쩍은 듯 웃으면서 "얘가 어제 요리하는데 옆에 와서 다쳤어요. 괜찮아요. 약만 잘 발라주세요."라고 말한다. 집에서 다친 것은 괜찮은 일이고, 어린이집에서 다친 일은 학대가 된다.

나는 어린이집에서 받았던 스트레스를 집에 와서 엄마와 이야기 나누며 모두 풀었다. 나의 감정 쓰레기통은 엄마였고, 엄마의 감정 쓰레기통은 나였다. 서로 힘든 것, 불평을 이야기 하며 감정쓰레기통이 되어가고 있었다.

내가 유아반 담임을 할 때의 일이다. 나는 수업을 준비하고 있었고, 다른 선생님은 다음 수업을 위해 교실을 비운 상태였다. 갑자기 뒤에서 "아!" 하는 소리가 들렸다. 소리가 나는 쪽을 돌아보았다. 남자아이들끼리 장난치고 놀다가 안경을 맞아서 안경다리가 부러진 것이었다.

나는 아이의 눈이 괜찮은지 확인하고 원장실로 데려갔다. 한순간의 일이었다. 평소 안경 쓴 아이들의 눈을 조심하라고 이야기했지만 남자아이들을 가만히 앉아서 놀게 할 수는 없었다.

학부모님께 연락을 드렸고, 학부모는 "눈을 안 다쳐서 다행이지만 안경이 비싼 건데….".라는 말을 했다. 나는 '내 월급으로 안경을 사주어야 하나?'라는 생각이 들면서 억울한 생각도 들었다. G가 먼저 남자아이들에게 장난을 걸었고, 아이들끼리 함께 장난을 치다가 그렇게 된 것인데 나는 "제가 제대로 아이들을 보지 않아서 이렇게 된 거예요. 죄송합니다."라고 말해야 했기 때문이다.

원장님께서 괜찮다고 하시며 자신의 돈으로 직접 안경을 사주셨다. 나는 내가 정말 아이들을 제대로 돌보지 않아서 이런 일이 생겼다는 마음이 들었고, 괜히 원장님이 큰돈을 들여 우리 반 아이의 안경을 사주었다는 말에 눈물이 왈칵 쏟아졌다. 미안한 마음이 들었기 때문이다.

나이도 어렸고, 이런 경험이 처음인 20대 초반의 여자 직장인에게 어린이집 교사 생활은 무엇을 해야 하는지 모르는 것투성이였다. 아이들을 낳아본 적도, 길러본 적도 없고, 학부모가 되어본 적도 없다. 매일 이곳 저곳을 다니며 '죄송합니다'를 말할 때면 마음속에서 답답함이 몰려왔다. '내가 그렇게 잘못한 일인가? 이게 다 나 때문에 생겨난 일인가?'

영아반에 있으면 죄송한 일이 더 많이 일어난다. 아이들이 깨물고, 할퀴고, 꼬집고, 던지는 행위로 의사를 표현하기 때문에 순식간에 사고가 이곳저곳에서 발생한다. 그러면 할머님부터 학부모님까지 화를 내며 교사가 애들 안 보고 뭐 했냐고 뭐라고 한다. 애들 보라고 어린이집 보낸 건데 애가 다쳐서 오면 여기에 보낼 이유가 없다는 것이었다. 나는 집에 와서 엄마에게 이런저런 고민을 이야기했지만, 엄마는 "학부모의 입장이라면 이랬을 거야."라는 조언이 전부였다. 어린이집 교사가 되어본 적이 없었고, 다른 사람의 아이를 길러본 적이 없었고, 장사를 오래해서 직장 생활에 대해 조언을 해줄 수 없다고 했다.

책을 읽은 후로 나는 '죄송합니다'라는 말을 함부로 하지 않았다. 어린이집 교사는 일단 무슨 일이 일어나면 죄송하다고 말하라고 배웠다. 그건 잘못된 것이었다. 잘못하지 않았는 데도 죄송하다고 하는 것은 바보 같은 행동이었다. 책에서는 그 사람의 마음을 이해해주는 법, 공감하는 법, 내가 어떻게 말해야 상대방이 화를 내지 않는지에 대해 알려주었다. 나는 그렇게 학부모님들과 소통을 했고, 학부모님이 어렵지 않게 느껴졌다.

직장생활을 하면 내가 지금껏 살아오면서 경험하지 못한 것을 많이 경험하게 된다. 처음 하는 실수와 경험들은 나에게 당황스러움을 안겨준다. 이 문제를 어떻게 해결해야 할지 모르기 때문에 답답하기만 하다. 선배들에게 물으면 해결책을 알려주기보다 함께 하소연하거나 자신이 터득한 방법을 알려준다. 나는 현실적인 조언이 필요했다. 독서는 나에게 방법들을 알려주었고, 내 마음을 책에서만 이해해주었다. 억울하고, 속상한 마음을 이야기하면 엄마나 주변 사람들은 공감해주기도 하지만 현실적인 조언을 시작한다. 하지만 책에서는 내가 원하는 말, 내가 듣고 싶은 말만 해준다. 나는 그런 글을 보면서 점점 책에 빠져들기 시작했다.

직장인이 책을 읽어야 하는 이유는 직장생활이 쉬운 일이 아니기 때문이다. '경력이 쌓이면 괜찮다.'고 말하지만, 그 시간 동안 매일 힘들고 아프고 죄송해야 하는가? 우리는 혼나기 위해 직장을 다니는 것이 아니다.

대학을 졸업하고, 내가 꿈에 그리던 사람이 된다. 그것은 정말 흥분되고 행복하고 기쁘다. 직장에 취업했을 때 모두에게 축하받았던 것이 기억난다. 나는 그렇게 직장생활을 시작했지만 매일 눈물을 흘렸고 우울했다.

직장은 돈을 벌기 위해 다니는 목적도 있지만 내 삶을 개선하고, 내가 되고 싶었던 꿈을 이루기 위해 다니는 것이다. 직장생활을 하면서 나는 숨을 참고 있었다. 숨을 내쉬지 않고 계속 참으면 우리의 몸에는 이상 신호가 온다. 가슴이 답답하고, 머리가 터질 것 같다. 그 상황에서 책을 읽고 숨을 내쉬었다. 그렇게 들이마시고 내쉬기를 반복하면서 나의 몸이 살아나기 시작했다.

지금은 칼국수 가게라는 직장을 다닌다. 매일 똑같이 면을 뽑고, 김치를 담그고, 육수를 끓이고, 재료를 준비한다. 책을 읽고 시작한 직장은 나에게 돈을 벌 기회를 주는 곳, 사람들과 만날 수 있는 곳, 사람들에게 맛있는 음식을 줄 수 있는 곳이 되었다. 나의 직장은 따뜻하고 행복한 곳이다.

엄마와 나는 지금도 가끔 "우리가 책을 읽지 않았더라면 아마 같이 장사 못 하고 엄청나게 싸웠을걸?"이라고 말한다. 직장생활하면서 불평을 했던 내가 칼국수 가게를 한다고 해서 불평하지 않을까? 불평하는 사람은 어디를 가든 불평하게 되어 있다. 나는 책을 읽으면서 불평이 줄었고, 대화하는 법을 알았고, 주변을 둘러보는 법을 배웠다.

우리 가게에 오는 손님들은 화가 나서 왔다가도 웃으면서 나간다. 나는 맛있게 먹고 행복해하는 손님들을 보면 그렇게 뿌듯할 수가 없다. 처음 장사를 시작했을 때 남자 손님들의 '캬~, 어우, 시원하다.'라는 소리를 들으면 엄마와 나는 주방에서 입을 가리고 웃었다. 그 소리에 기분이 얼마나 좋았는지 모른다. 책을 읽지 않았더라면 칼국수 가게를 운영하지도, 이런 행복을 느껴보지도 못했을 것이다. 독서는 나의 삶을 바꾸어 주었고, 내가 숨 쉴 수 있게 만들어주었다.

직장인이 책을
읽어야만 하는 이유

–

당신에게 필요한 것은
기회가 아니라 결정입니다.

직장인이 자기계발서를 읽어야 하는 이유는 매일 똑같은 일상의 반복과 똑같은 월급을 받으면서 현실에 안주하기 때문이다. 나는 처음 취직해서 정말 열심히 일했다. 아이들과 함께하는 시간이 재미있었고, 이 일이 천직이라는 생각이 들었다.

1년이 지나고 목표 없이 열심히 앞만 보고 달렸던 나는 점점 지치기 시작했다. 1년을 쉬지 않고 달리면서 몸도 아프기 시작했고, '내가 왜 뛰어가고 있지?'라는 질문이 떠올랐다. 힘들기 시작하자 주변을 둘러보기 시작했다. 뒤에 사람들은 잘 따라오고 있나? 나는 뒤를 돌아보고 그 자리에 멈춰버렸다. 어쩌면 다시 돌아갔는지도 모른다.

내 뒤에는 아무도 없었고, 내 앞에도 아무도 없었다. 종착점은 어딘지 모른 채 혼자 앞만 보고 달렸더니 누가 따라오는지, 내가 어디로 가고 있는지 알 수 없었다. 나는 매일 늘어나는 서류와 남은 일로 힘이 드는데 주변 선생님들은 여유로워 보였다. 나는 그 순간 '내가 열심히 해도 이 월급이고, 열심히 하지 않아도 이 월급을 받는구나'를 느꼈다.

'내가 왜 이렇게까지 내 몸을 힘들게 하면서 일을 해야 하지?' 내가 직장생활을 하면서 싫어하는 말이 생겼다면 '착한 영화쌤'이었다. 나는 '착하다'는 말이 나에게 칭찬이고 나를 인정해주는 거라고 생각했다. 그래서 더욱 시키는 일을 열심히 했고, 없던 일도 만들어서 했다. 1년 차가 되고, 더는 착한 사람이 되지 않기로 마음먹었다.

내가 첫 직장에 취직하고 열심히 일할 때 함께 다녔던 선생님 P가 퇴근하면서 나에게 이런 말을 했다.

"영화야, 안 힘드나?"
"안 힘든대요? 너무 재미있어요."
"네가 아직 세상을 모르니까 그런가 보다. 나도 처음 직장 다닐 땐 그랬어. 재미있을 때 열심히 해둬. 조금 있으면 이 세상은 알고 보면 네 생각과 다르다는 것을 알게 될 거야. 나중에 알고 나면 힘들어질 거야. 지금은 재미있으니까 내 말이 무슨 뜻인지 모르고 한 귀로 흘릴 테지만 나중에 현실을 알게 되면 내 말이 생각날 거야."

나는 그때 그 선생님의 말이 무슨 뜻인지 몰랐고 흘려들었다. 3년이 지나고 내가 퇴사하던 날 한천을 걸으며 P선생님이 나에게 해주었던 말이 생각났다. 이 세상은 내가 생각한 대로 흘러가지 않는다. '오랫동안 일한 선생님들은 꿈이 없이 자신의 가정을 지키기 위해, 돈을 벌기 위해 일을 하고 있구나'라는 생각이 들었다.

대학 시절 나의 꿈은 유치원, 어린이집 원장이었다. 성공 계획표도 만들어서 몇 살에는 무엇이 되고, 몇 살에는 어떤 자격증을 따고 몇 살에 원장이 될지도 생각했다. 어린이집을 다니면서 나는 신기하게 이상한 꿈을 가지게 되었다. "영화쌤 일 잘한다."라는 말에 나는 원장이었던 목표가 없어지고 이곳에서 인정받는 사람이 되어야겠다는 목표가 생긴 것이다. 내가 어린이집, 유치원을 운영하는 것이 아닌 이곳이 나의 평생 직장이라고 생각하게 되었다. 많은 사람이 오랫동안 직장생활을 하는 것도 원래 더 큰 꿈을 품고 있었지만, 일하면서 자신이 그곳에 있어야 한다는 생각이 들기 때문인 것 같다.

새로 도전하려는 시기가 되면 결혼을 해서 가족을 먹여 살리기 위해 그 직장에 계속 머무르게 된다. 그렇게 일하다 보면 정년퇴직이 자신을 기다리고 있다. 직장생활하면서 교사 연수를 하러 갔을 때의 일이다. 강의하시던 교수님이 '솔개의 선택'이라는 영상을 보여주었다. 솔개는 새 중에서 수명이 길어 약 79~80년을 살아간다. 솔개가 80년이라는 세월을 살기 위해서 반드시 거쳐야 하는 힘겨운 과정이 있다. 솔개는 40년 정도 살면 부리가 구부러지고, 발톱이 닳아 무뎌지고, 날개가 무거워져 날기 힘든 모습이 되고 만다. 그때 솔개는 중요한 선택을 하게 된다. 볼품없는 모습으로 지내다가 서서히 죽을 것인가, 고통스러운 과정을 통해 새로운 삶을 살 것인가.

변화와 도전을 선택한 솔개는 바위산으로 날아가 둥지를 튼다. 그리고 제일 먼저 자신의 부리를 바위에 마구 쪼기 시작한다. 낡고 구부러진 부리가 다 닳아 없어질 때까지 쪼아버리면 그 자리에서 매끈하고, 튼튼한 새 부리가 자란다. 튼튼한 새 부리가 자라면 낡은 발톱을 뽑기 시작한다. 그러면 새로운 발톱이 자라난다. 마지막으로 무거워진 깃털을 하나씩 뽑아버리고, 새 깃털이 날 때까지 기다린다. 이 모든 과정이 이루어지기까지 걸리는 시간은 130일이다. 생사를 건 130일이 지나면 솔개는 새로운 40년을 더 살게 된다.

영상의 마지막에는 이런 문구가 나온다.

'당신에게 필요한 것은 기회가 아니라 결정입니다. 중요한 변화를 위한 기회가 찾아와도 용기 있는 결정을 하지 못하면 아무것도 달라지지 않기 때문입니다. 당신에게 필요한 변화가 무엇인지, 무엇이 기회인지, 어떤 결정을 내려야 할지는 당신만 알고 있습니다. 그러나 그 결정으로 얻게 될 변화는 모두가 알게 될 것입니다. 당신의 결정은 당신의 미래입니다.'

나는 이 영상을 매년 보고 있다. 볼 때마다 나에게 다가오는 의미가 다르기 때문이다. 엄마는 책을 읽고 나에게 "영화야, 착한 사람이 되지 말고 현명한 사람이 되어야 해. 착한 건 어리석은 거야."라고 가르쳐주었다. 내가 어린이집을 퇴사할 때 원장님은 "영화쌤은 착한 줄 알았는데, 아니더라고."라고 말했다. 나는 마음속으로 '내가 이제 누구의 눈치를 보지도, 누구에게 인정받고 싶어 하는 욕구도 줄였구나.'라는 생각을 했다.

어른들은 자신의 말을 잘 들으면 착한 것이고, 자신의 말을 듣지 않으면 착하지 않은 것이라고 말한다. 중요한 것은 착한 사람만이 성공할 수 있다고 가르친다. 내가 보았을 때, 착한 사람은 '착한 아이 콤플렉스'에서 벗어나지 않으면 평생 그 사람이 시키는 일을 하고 살아야 한다. '착하다'는 것은 누가 만들었고 누가 정한 것일까? 착한 게 뭐지? 우리가 착해야 하는 이유가 뭘까? 내가 책을 읽은 이유는 내 꿈을 찾고 싶었기 때문이다. 솔개처럼 새로운 도전을 해야 했다. 어린이집을 그만두면서 '나는 무슨 일을 해야 하지?', '다른 곳에 취직할 수 있을까?' 수많은 고민이 들었지만, 다행히 가게를 그만두신다는 부모의 말을 듣고 엄마와 동업을 하기로 한 것이다.

나는 원장님, 선배 선생님들의 말을 잘 듣기 위해 어린이집에 취직한 것이 아니었다. 꿈이 어린이집 교사였고, 아이들과 함께하기 위해 어린이집 일을 했지만 늘어나는 업무와 서류로 인해 스트레스가 쌓였고, 업무가 늘어나고 스트레스가 늘어나는 만큼 아이들을 사랑해주지 못했다.

내가 독서를 한 것은 솔개가 바위산으로 간 것과 똑같은 도전이었다. 기회가 찾아왔고 결정했다. 제일 중요한 것은 솔개가 130일 동안 자신의 생사를 건 변화를 했다면 나는 2년간 독서를 했다. 솔개처럼 포기하지 않았기 때문에 지금의 내가 있는 것이다.

10대에 책을 읽고 깨달았더라면 20대에 현명한 교사가 되어 있었을 거라는 생각이 든다. 어린이집에서 시행착오도 많이 줄었을 것이고, 착한 교사가 아닌 현명한 교사로서 일을 하고 있을 것이다. 나는 책을 읽으면서 엄마에게 "엄마, 내가 지금 다시 어린이집에 들어간다면 나는 정말 좋은 교사가 될 것 같아요. 학교에서 배웠다고 하지만 이런 것도 모르고 아이들을 가르치고, 직장생활을 했으니 힘들고, 서로에게 악영향을 주었던 것 같아요. 내가 이걸 지금 깨달았네요."라고 말했다.

엄마는 "영화야, 지금이라도 깨달았으면 됐어. 어떤 사람은 평생 못 깨닫고 죽는다. 근데 무서운 게 뭐냐면 그게 대물림이 된다는 거야. 그 사람에게 배운 자식들은 책을 읽거나 멘토를 만나서 자기계발을 하지 않으면 부모와 똑같은 삶을 살다가 죽게 되는 거야. 그런데 영화는 벌써 이걸 깨달았잖아. 영화의 자식은 참 좋겠다. 영화는 엄마보다 더 자식을 잘 키울 것 같아."라고 말했다.

직장인이 책을 읽어야만 하는 이유는 자신의 삶을 찾아야 하기 때문이다. 그 누구를 위해서 일하는 것이 아닌 자신을 위해 일해야 한다. 지금 나는 책을 읽고 칼국수 가게 사장, 네이버 카페 〈하루한권독서연구소〉 공동 대표, 작가의 생활을 하면서 하루하루가 너무 재미있다. 내 꿈을 이루었고, 내가 하고 싶은 것을 하면서 살아가는 삶이다.

책을 읽기 전에 나는 나에게 꿈이 무엇이냐고 물었다. 이루고 싶은 꿈은 없어진 지 오래였다. 꿈은 없고, 하고 싶은 것이 있었다. 하루는 푹 잠을 자고, 남은 시간은 여행하고, 먹고 싶은 것을 먹고, 만나고 싶었던 친구들을 만나는 것. 어른들이 들었다면 한숨을 쉬며 꾸지람을 했을 것이다. 아까운 시간을 그렇게 낭비하냐며 의미 없는 말이라고 했을 것이다.

꿈이 없이 현실만 보고 있으니 미래가 보이질 않았다. 우울한 삶의 연속이었다. 그러던 중 독서를 시작했고, 책은 나에게 꿈을 찾으라고 말했다. 책을 꾸준히 읽고 행동하면 성공하는 삶, 행복한 삶을 살 수 있다고 말했다.

당신이 직장인이라면 책을 읽어야 한다. 하루하루가 바쁜 직장인이라면 더욱 책을 읽어야 한다. 바빠서 회사 일만 하고, 집안일만 한다면 당신의 미래는 어떻게 될까? 회사 일만 하고, 집안일만 하다가 끝이 날 것이다. 우리도 행복하고, 평화로운 삶을 살 수 있다. 하지만 지금 내가 아무것도 하지 않는다면 변화는 이루어지지 않는다.

당신이 이 책을 읽고 있다는 것은 '기회'이다. 이제 선택을 해야 한다. '독서'로 남은 삶을 새로운 부리와 발톱, 날개를 가지고 살아갈 것인지. 평소대로 바쁜 삶을 살아가며 그 모습 그대로 끝낼 것인지.

3

내가 책 읽기를
통해 깨닫게 된 것

–

생각을 바꾸기 위한
최고의 방법은 독서이다.

내가 책 읽기를 통해 깨닫게 된 것은 인생을 살아가는 방법이다. 우리는 이 세상을 살아가면서 세상 사는 법을 모르고 산다. 그래서 사는 게 힘들고 괴로운 것이다. 우리는 말하는 법, 행동하는 법, 생각하는 법 모든 것을 다시 배워야 한다. 만약 당신이 성공한 사람이라면 괜찮다. 그러나 매일 불평을 하고, 사는 게 재미없고, 작년이랑 올해 바뀐 것이 없다면 책을 읽고 삶을 바꿔야 한다.

나는 책을 읽고 주변 사람들을 보면서 깨달았다. 첫째로 우리 가족이다. 나는 3살, 12살 터울의 남동생 2명이 있다. 3살 차이나는 둘째 동생과 내가 크는 시절에 엄마는 책을 읽지 않았고, 엄마가 살아온 대로 우리를 가르쳤다. 그래서 둘은 많은 차이가 나지 않는다. 12살 차이가 나는 막냇동생이 성장할 때 엄마는 독서를 시작했다. 막내의 성장 과정을 보면서 책의 중요성을 또 한 번 느꼈다. 엄마는 어렸을 적 내가 작은 실수를 해도 자주 혼을 냈고, 내가 잘못한 것만 이야기했다. 무슨 일을 하면 위험하다고 하는 편이었고, 엄마가 내가 해야 할 일들을 모두 해주었다.

그러나 막냇동생 때는 달랐다. 동생이 실수하면 "괜찮아. 그럴 수 있어. 다음번엔 이렇게 해야 해."라고 알려주고, 잘못된 행동을 했을 땐 "다음부터는 이런 행동은 하지 않았으면 좋겠어."라고 말한다. 동생이 학교에서 친구들과 다투어서 힘든 상황이 되면 엄마는 "친구들이 그렇게 했을 땐 이렇게 해야 해."라고 해결법을 알려주었다. 그래서인지 막냇동생은 주변 사람들의 이야기를 잘 듣고, 공감해주고, 상대방의 마음을 알아주는 것 같다. 엄마는 막내에게 스스로 하는 법을 알려주어서 자기 일을 스스로 하기 시작했지만 나는 20대가 되어서도 무엇을 해야 할지 잘 몰랐다. 엄마가 책을 읽고 난 후 우리 가족 전체가 크게 변했다. 가족의 소중함을 알고, 서로 잘하는 것을 찾아 칭찬해주고, '사랑해'라는 말을 자주한다. 또, 함께 있는 소중함을 느끼고 있다.

책을 읽지 않는 아빠는 친구들이나 주변의 지인들에게 더 잘해준다. 다른 사람들에겐 부드러운 표정과 미소로 반기면서 우리 가족들에겐 언제나 화난 표정, 무표정으로 말하고, 말도 권투경기를 하듯이 툭툭 내뱉는다. 아빠가 그렇게 말하는 이유는 그렇게 배웠기 때문이다. 책을 읽은 엄마는 아빠에게 "그렇게 말하지 말고, 그래 오늘도 수고했어 라고 말해 줘."라고 하지만 아빠는 가족들에게 그렇게 말하는 것이 어색한지 "나는 그렇게 말 못 해."라고 말한다.

책을 읽어야 하는 이유는 우리가 배운 대로 행동하기 때문이다. '아이는 부모의 거울이다.'라는 말이 있다. 요즘 엄마는 나를 보면서 소름이 돋는다고 했다. 왜냐하면 내가 책을 읽기 전 엄마의 복사판이기 때문이다. 막내에게 잔소리하고, 내가 하는 습관들이 예전에 엄마가 했던 습관이라며 엄마는 나의 모습을 보면서 책을 읽기 정말 잘했다고 느꼈다고 말했다.

우리는 무의식중에 부모님의 모습을 보고 배운다. 어렸을 적 나는 엄마가 파리채로 혼을 내면 '나는 나중에 내 아이들 파리채로 때리지 말아야지.' 생각했던 적이 있다. 그런데 막상 막내가 말을 듣지 않으면 파리채를 들고 혼을 냈다. 때리지는 않지만, 파리채를 들고 있는 모습을 보고 내가 나에게 충격을 받은 적이 있었다.

엄마는 나에게 책을 읽어야 하는 이유는 우리가 엄마 아빠의 좋은 점도 보고 배우지만, 배우지 않았으면 하는 모습도 배우기 때문이라며, 책을 통해 좋은 습관을 배웠으면 좋겠다고 말했다. 책을 읽으면 신기하게 내가 보고 경험한 일이 아니지만, 책 속 저자의 습관을 내가 하나씩 실천하고 있는 것을 보고 놀랄 때가 있다.

우리의 인생은 습관으로 이루어져 있다. 나는 명언과 글귀를 좋아하는데 며칠 전 글귀를 찾다가 이 말을 발견했다.

'당신의 생각이 당신의 말이 되고, 당신의 말이 당신의 행동이 되며, 당신의 행동이 당신의 습관이 되고, 당신의 습관이 당신의 품성이 되며, 당신의 품성이 당신의 운명이 된다.'

어떻게 생각하느냐에 따라 운명이 바뀐다는 것이었다. 생각을 바꾸기 위한 최고의 방법은 독서이다.

독서를 하면서 나는 예전의 나도 돌아보기도 한다. 예전의 경험을 다시 되돌려 생각하는 것이다. 지나간 일은 지나간 일일 뿐이라고 생각했지만, 언제부터인가 책을 읽으면서 자꾸 나의 과거를 되돌아보게 되었다.

과거를 되돌아보면서 생긴 습관은 내가 그때 그 상황에서 왜 그렇게 말했고, 그렇게 행동했는지 보는 것이었다. 그런데 독서를 할수록 나는 예전의 과거에서 '나'만 보는 것이 아니라 주변의 사람들까지 보게 되었다. 이건 정말 신기한 현상이었다. 남을 이해하게 되는 순간이었기 때문이다. 내가 실수했을 때, 나는 일하는 방법을 몰랐다.

그러면 '왜 그때 물어보지 않았을까?'라는 질문이 떠오르면서 '그래, 나는 스스로 하려는 습관이 있었지.'라는 것을 알게 된다. 그런데 여기에서 끝나는 것이 아니라 그 상황에서 더 깊이 들어가 내가 실수하고 혼이 났을 때, 상대방이 나에게 뭐라고 말했는지 생각한다.

그때는 그 말에 상처를 받고 기분이 나빴지만 지금 다시 돌아가서 생각하면 '그 사람이라면 나에게 그렇게 말했을 수도 있겠구나, 하지만 그렇게 말하는 것보다 좀 더 좋게 말할 방법을 사용하면 좋았을 텐데.'라고 생각하게 된다. 이적의 〈걱정말아요 그대〉 노래에 이런 가사가 있다.

'그대여 아무 걱정하지 말아요. 우리 함께 노래합시다. 그대 아픈 기억들 모두 그대여. 그대 가슴에 깊이 묻어버리고, 지나간 것은 지나간 대로 그런 의미가 있죠.'

나도 예전엔 지나가면 되는 줄 알았다. 가슴 깊이 묻으면 끝나는 일인

줄 알았다. 그런데 우리의 기억 속에는 해결되지 않은 문제들과 치유되지 않은 상처들이 그대로 남아 있었다. 책을 읽고 과거로 돌아가서 다시 한 번 그때의 상황을 돌아보기 바란다. 그 문제들이 모두 해결되고 나면 당신의 미래가 달라 보일 것이다.

책을 읽고 또 깨달은 게 있다면 나는 내가 하고 싶은 말을 하지 못하고 살았다는 것이다. '내가 하고 싶은 말을 하면 사람들은 나를 떠나버릴 거야, 내가 이렇게 말하면 친구들이 싫어하겠지?'라는 생각을 많이 했다. 내가 엄마에게 유튜브를 가르쳐줄 때 엄마는 "영화야, 너무 잘 가르친다. 우와 영화 진짜 잘한다. 유튜브 가르쳐주는 영상을 만들어서 유튜브 찍어봐!!"라고 말했지만 나는 "에이~엄마, 나보다 잘 만들고 잘 가르치는 사람이 훨씬 많아요. 나는 많이 부족해요."라고 말했다.

누군가가 '잘한다'고 말하면 나에게 '이런 거로 좋아하면 안 돼. 다른 사람들도 할 수 있는 거잖아.'라고 생각했다. 나에게 칭찬을 해준 적이 없었다. 특히 교사 생활을 하면서 주말이면 교사 연수를 하러 자주 갔다. 원장님은 "영화쌤, 가게 바쁘면 안 가도 돼."라고 말했지만, 표정만 보고 나는 "아니에요. 가게에 이야기하고 가면 돼요."라고 말했다. 야근할 때도 가게가 바쁘면 먼저 가라고 이야기했지만 다른 선생님들 다 일하는데 혼자 집에 갈 수 없다는 생각이 들었고, 눈치가 보여서 나는 "가게가 바쁘면 연락 올 거예요. 그때 가면 돼요."라고 말했다. 내가 봐도 나는 답답했다. 내가 하고 싶은 말을 다 하지 않았기 때문에 이곳저곳에서 오해가 생기기도 했고, 나의 마음대로 세상은 흘러가지 않았다. 책을 읽으면서 '몸만 내 몸일 뿐이지 나는 내가 아니었구나'를 알 수 있었다. 사람들의 시선과 말에 따라 나는 행동했고, 내가 할 수 있는 것과 할 수 없는 것을 정해놓았다.

책을 읽으면서 내가 왜 하고 싶은 말을 다 해야 하는지 알 수 있었고, 그 말을 해도 사람들이 나를 미워하거나 떠나가지 않는다는 사실을 알게 되었다. 그 후로 조금씩 나의 마음속에 있는 말들을 꺼내기 시작했다. 그랬더니 신기한 일이 벌어졌다. 내 마음속의 말을 했더니 오히려 주변 사람들이 더 좋아했다. 평소에 내가 꽁해서 말도 안 하고 있으면 답답했는데 내가 마음속에 있는 말을 했더니 무슨 생각을 할 수 있는지 알 수 있고, 서로 어떻게 말을 해야 하는지 알게 되었다는 것이었다.

나는 책을 통해 인생을 살아가는 법을 배웠다. 가족을 사랑하는 법, 인간관계를 잘하는 법, 습관을 만드는 법, 일의 능률을 높이는 법, 아이들과 소통하는 법, 성공하는 법, 공부하는 법 등 다양한 책을 읽을수록 다양한 노하우가 생겨났다.

독서는 새로운
시작점이다

—

책 속에 변화의
씨앗이 숨어 있다.

작년의 마지막 날 12월 31일이자 올해의 시작인 1월 1일. 12시에 펭수
가 제야의 종을 울렸다. 제야의 종소리를 들으며 우리는 올해 어떤 일을
할지 계획을 세우고, 새로운 시작을 할 생각에 두근거린다. 새로운 해를
알리는 1월 1일은 언제나 설렌다.

나는 책을 읽을 때마다 새로운 시작을 한다. 플라톤은 '시작은 그 일의
가장 중요한 부분이다.'라고 말했다. '시작이 좋다'는 말은 좋게 시작하면
좋게 끝날 확률이 높다는 뜻이다. 우리가 무언가를 할 때 시작하는 것은
중요하다. 나는 '시작은 도전이다.'라는 생각이 든다. 내가 무언가를 시작
할 때마다 도전하고 있다는 것을 알았기 때문이다.

독서를 하면서 내가 시작한 일들이 너무 많다. 칼국수 가게를 시작했고, 블로그, SNS, 유튜브, 카페 운영, 글쓰기, 건강 관리, 명상, 과소비 줄이기 등 나의 생활 전체가 바뀌었다.

독서는 나로 살아가는 시작점이다. 나의 친구 R은 드라마를 보다가 간호학과에 입학했다. 한때 병원 관련 드라마가 유행했고, 친구들은 간호학과를 많이 진학했다. 간호사가 되면서 R은 매일 힘들다는 연락이 왔다. 처음 병원에 취직했을 때 사람이 죽는 것을 바라볼 수밖에 없고, 사람이 죽는 모습을 보고 그렇게 슬펐다고 한다. 오늘 낮에까지 함께 이야기를 나누던 사람이었는데 죽음이 믿어지지 않았다는 것이었다.

친구의 다음 이야기가 나를 더 당황스럽게 만들었다. 너무 바쁜 나머지 죽음을 슬퍼할 시간도 없이 다른 업무로 바쁘게 보내야 한다고 말했다. 그렇게 몇 번의 죽음을 경험하고 나서부터는 사람들을 보면 언제 죽음을 맞이하게 될지 이야기 나누게 되었고, 그 말이 현실이 되었다고 했다. 이제는 죽은 사람을 보면서 눈물이 나지 않는다고 말했다. R은 처음 환자가 죽음을 맞이했을 때 며칠간 그 충격에 '내가 왜 이 일을 하고 있지?'라는 생각이 들었다고 했다.

그런데 매일 똑같은 일상이 반복되자 그냥 묵묵히 자기 일을 하게 되었다고 했다. 하루하루가 너무 바빠서 자신이 누구인지, 지금 무슨 일을 하는지, 왜 이 일을 하는지도 모른다고 말했다.

병원 코디네이터 일을 하는 D친구도 있다. 매일 새로운 손님을 맞으며 손님을 상대하고 있으면 스트레스가 엄청나다고 말했다. 20대 중반이었던 그때 친구는 생리불순으로 한의원에 찾아갔는데 지금이 상태로 계속 지내다가는 20대에 폐경을 할 수 있다는 말을 들었단다. 친구는 충격을 받았고, 건강 관리를 시작했다. 곧 병원 일을 그만두었다.

나 또한 사람들이 가는 곳을 따라다니며 살아왔다. '유아교육과를 졸업하면 당연히 교사가 되어야지.'라는 말에 나는 다른 일을 생각도 해보지 않고 어린이집 교사를 했다. 유아교육과를 졸업하면 꼭 어린이집, 유치원 교사를 해야 할까? 아니다. 유아 교육을 더 공부해서 교수가 될 수도 있고, 어린이 동화책을 쓰는 동화 작가가 될 수도 있다. 교구 제작하는 연구원, 동화 구연 교사, 놀이 교사, 유아 심리치료사 등 할 수 있는 것은 많다.

내가 졸업할 때 동기들은 편입 아니면 어린이집, 유치원에 취업했고, 그때 취업률이 100%였다. 편입하지 않은 동기들은 모두 어린이집, 유치원 교사가 되었다는 말이다.

나는 책을 읽고 내가 정말 좋아하고 하고 싶은 일을 찾았다. 그리고 그 꿈을 이루었다. 책을 쓰는 작가가 되었고, 예전에 꿈꾸었던 동화책, 영유아 독서법도 쓸 계획이다. 또, 동기 부여 강연가, 유튜브로 쉽게 책을 읽는 법을 알려주는 북튜버가 되어 있다. 나는 지금 내가 하는 일이 너무 즐겁다.

책 속에는 변화의 씨앗이 숨어 있다. 내가 영·유아반 담임 교사를 할 때였다. 3월이 되면 어린이집 교사는 제일 힘들다. 엄마들과 헤어지지 않기 위해서 눈물을 흘리며 악을 쓰는 아이들을 달래는데 짧게는 일주일 길게는 몇 달이 걸린다.

아이들이 적응하고, 교사와의 신뢰가 쌓이면 엄마와 '안녕' 인사를 하고 교실에 들어온다. 그런데 가끔 한두 명의 아이들이 아침마다 어린이집에 가기 싫다고 울며 떼를 쓴다. 나는 아이들은 걱정하지 않았다. 아이들은 엄마와 헤어지고, 교실에 들어와서 눈물을 금방 그친다. 옷을 벗어서 자신의 자리에 스스로 넣고, 평소 가지고 놀던 장난감을 가지고 놀거나 새로운 것이 보이면 그곳에 가서 놀이 한다.

아이가 울음을 그치자마자 나는 사진을 찍어서 학부모님께 보내드린다. 그러면 학부모님은 안심한다. 몇 달 동안 이 과정을 지속하다 보면 학부모님은 불안해지기 시작한다. '우리 아이에게 문제가 있나? 내가 잘 못 키웠나? 어린이집이 맞지 않는가?' 다양한 고민을 한다. 상담 시간에 아이의 등원이 힘들다며 눈물을 글썽이는 학부모님도 있었다.

나는 아이에게 어떻게 하면 아침에 울지 않고 오게 할 수 있을까? 고민 했고 다양한 방법을 활용했다. 하원할 때 "J야, 어린이집 재미있어?" 물 어보면 "응." 하고 대답한다. "그런데 왜 아침마다 어린이집 오기 싫다고 자꾸 울어?"라고 물어보자 아무 말 하지 않는다. "J가 엄마랑 헤어지는 거 싫어서?"라고 물으면 고개를 끄덕인다. "그랬구나, 그런데 J가 아침에 어린이집 올 때 울면서 오면 엄마도 속상하잖아 그치? 우리 내일은 재미 있는 거 할 테니까 울지 말고 올까?" 물으면 "응!" 대답한다. 나는 "내일 은 우리 뭐 할까?" 물어보았고, "색칠 놀이."라는 대답에 다음 날 색칠 놀 이를 준비해놓았다.

다음 날 아침 J는 여느 때와 똑같이 울면서 등원했다. J의 말대로 색 칠 놀이를 챙겨 보여주었지만 속수무책이었다. 결국 오늘도 울면서 교실 로 들어왔지만, 교실로 들어와선 눈물을 쓱 닦고 색칠 놀이를 했다. 나는 대화로 해서는 안 되겠다는 생각이 들어서 책장으로 갔다. 자유 놀이 시 간에 아이들에게 책을 읽어주는데 J가 관심을 보이며 다가왔다. 나는 준 비해두었던 동화책 『우리 엄마가 아니에요』를 펼쳐 아이들에게 읽어주었다. 동화 속 아이의 사례를 들면서 "얘들아, 우리 아침에 어린이집 올 때 여기 친구처럼 나 엄마 따라갈래, 으앙 하면서 울면 될까?"라고 묻자 씩씩한 몇몇 아이가 "아니요!"라고 말한다. 옆에서 듣고 있던 J도 고개를 절레절레 흔들었다. "그치, 우리 어린이집에 오면 재미있는 놀잇감도 있고, 놀이터도 있고, 선생님이랑 재미있는 것도 많이 하는데 안 울어도 되지?"라고 말하자 씩씩한 아이는 "네! 맞아요. 나는 어린이집 재미있는데." 말한다. 친구들의 대답을 들은 J는 무언가 곰곰이 생각하는 모습을 보였다.

다음날 J는 엄마와 어떻게 등원했을까? 울지 않고 엄마와 '안녕!' 하며 들어왔다. J는 내가 읽어주었던 동화책이 재미있었는지 자주 읽어달라고 말했고, 조금씩 J의 행동이 변하더니 주말에도 선생님 보러 어린이집 간다고 이야기하는 날이 생겼다.

독서는 어른뿐만 아이라 영아들도 변화시켜주었다. 안전 교육을 할 때도 동화를 활용해서 아이들에게 이야기해주면 아이들이 이해하고, 안 되는 것과 위험한 것을 인식하기 시작했다.

나는 올바른 미래 그래프를 그렸다고 생각하며 살아왔지만 삶은 행복하지 않았다. 길을 잃고 헤매다가 정신을 차려보니 20대 중반이 넘은 어린 어른이 되어 있었다. 힘이 들 때면 '왜 나는 태어났을까? 인생은 어떻게 살아야 할까?'를 고민했다.

부모님께 배워 일만 잘하면 성공하고 잘 사는 것이라고 생각했지만 직장생활을 통해 일만 잘해서는 성공하고 행복할 수 없다는 것을 알게 되었다. 독서는 나의 이런 질문에 모든 해답을 주었고, 내가 어떻게 하면 성공할 수 있는지 알려주었다. 독서는 나에게 새로운 시작점이다. 책을 읽으면서 자존감을 회복했고, 현재 상황을 볼 수 있는 눈이 생겼고, 내가 무엇을 할 수 있고 무엇을 가장 잘하는지 알 수 있었다.

내가 어떤 삶을 바라고 무엇을 이루고 싶은지 명확하게 생각할 수 있었다. 독서는 현재의 삶을 바꾸고 싶은 사람, 변화가 필요한 사람에게 할 수 있다는 희망과 용기를 준다. 독서를 통해 변화한 나의 경험을 통해 많은 사람이 독서의 힘과 책을 읽는 비법을 얻을 수 있으면 좋겠다.

앞으로의 인생을
어떻게 살 것인가

—

인생을 살아가는 데 정답은 없지만, 자신의 자리를 묵묵히 지키면서
힘들고 아프고 외로운 일이 있어도 나만의 꽃을 피워내야 한다.

내가 직장생활을 다닐 때 아침이면 눈을 뜨는 것이 힘들었다. 알람이
울리면 5분 더 미루고 5분을 미루고 나면 '10분만 더.' 하며 자꾸자꾸 미
루게 된다. 미루고 미루다 일어나서 오늘 일어날 일들을 생각하면 아침
이 오는 것은 그렇게 달갑지 않았다. 그렇게 짜증으로 시작된 하루는 부
정적인 하루를 만들어 냈고, 부정적인 하루를 보내면 나의 인생은 부정
적으로 흘러갔다.

나는 책을 읽고 아침을 어떻게 보내는가에 따라 인생이 바뀐다는 것을
알 수 있었다. 독서하기 시작하면서 처음엔 아침에 일어나자마자 독서를
시작했다. 아침 독서를 하면서 기분 좋게 하루를 시작하고, 아침부터 무

언가를 해냈다는 느낌으로 뿌듯하게 하루를 시작할 수 있다.

직장인이었던 나는 아침잠이 많았다. 그래서 아침 독서를 하는 날이 많지 않았는데 독서를 한 날과 하지 않은 날의 하루는 크게 달랐다. 늦잠을 자고 헐레벌떡 준비해서 일어나 출근하는 것과 30분 일찍 일어나 준비를 하고 독서를 하면서 오늘 일과를 어떻게 보낼 것인가를 생각하면 하루가 완전히 달라지는 것이다.

요즘엔 아침에 일어나 새로운 습관을 만들었다. 아침에 일어나면 제일 먼저 창문을 연다. 아침 공기를 마시는 것은 달리기하고 차가운 물을 마시는 것만큼 시원하고 개운함을 준다. 그 뒤로 눈을 감은 채 스트레칭을 한다. 10분이면 스트레칭은 끝나지만, 스트레칭을 하고 그대로 앉아 10분 명상을 한다. 독서를 처음 시작했을 때 많은 책에서 명상하라고 이야기했지만 나에게 명상은 어려웠고 무서운 느낌이 들었다. 요즘엔 유튜브를 통해 10분 명상을 하는데 이 명상은 나에게 많은 도움을 주었다. 책에서 왜 명상을 하라고 하는지 알 수 있었다. 가끔 잠이 오지 않는 날에도 명상을 하는데 편안하게 잠을 자고 나의 마음을 안정시킬 수 있다.

명상이 끝나면 침대에서 내려와 씻고 준비한 뒤 필사를 한 페이지씩 한다. 엄마와 나는 책을 읽기 시작한 뒤 필사를 시작했는데 그냥 책을 읽고 넘길 때보다 그 글이 나에게 말하고자 하는 것을 잘 깨닫고 내 생각을 적으면서 더 깊이 있는 독서를 하게 되었다.

아침엔 시간이 없으니 명언 집, 탈무드같이 짧지만 나에게 깨달음을 주는 책이 좋다. 한 줄이라도 필사하면 종일 무의식 속에서 그 글의 내용이 맴돌고 내가 그것을 실천하게 된다.

내가 책을 읽지 않고 직장생활을 했을 땐 아침에 짜증으로 시작했고, 하루를 짜증을 내며 보냈다. 하루하루가 의미 없이 느껴졌고, 직장생활 하는 이유를 찾지 못했다. 직장은 나에게 괴로움을 주는 곳이었다. 돈을 벌 수 있고, 내가 좋아하는 아이들을 만날 수 있는 곳, 그러면 즐거워야 하지 않을까?

독서 후 직장생활을 하면서 나는 직장에서 할 수 있는 즐거운 것을 찾았다. 첫 번째 변화가 이것이다. 아침부터 오늘 아침에 출근하면 또 누가 울까, 오늘은 또 누가 말을 안 들을까? 오늘 수업은 어떻게 하지? 오늘 누가 나에게 혼낼까? 부정적인 생각이 꼬리에 꼬리를 물고 나타났다. 그런데 책에는 좋은 이야기와 성공 이야기만 가득하다. 독서를 하면 아침부터 기분이 좋다. 나에게 오늘 어떤 일이 일어날까? 출근하는 길에 하늘을 보아도, 다리를 건너도 모든 것이 감사하고, 좋은 것이 되었다. 아이들을 만나면 더 반가웠다. 독서는 나를 긍정적으로 만들어주었다. 긍정적인 하루를 시작하면 어떻게 될까? 주변 사람들도 긍정적으로 변하고, 나에게 좋은 일만 자꾸 생긴다. 출근하면 "영화쌤 오늘 좋은 일 있나 보네?" 하면서 나를 보고 웃는다. 그리고 아이들도 나를 보고 웃는다. 아이들은 교사의 표정, 엄마의 표정으로 자신의 모습을 본다. 내가 웃고 있으니 아이들도 행복해하는 것이다. 내가 화나고 짜증이 난 표정을 지으면 아이들은 마음속으로 '자신이 잘못해서 선생님이 화가 났나?'라는 생각을 가지게 된다. 모든 아이가 그렇게 자신을 만들기 때문이다.

인생을 살다 보면 '앞으로 어떻게 살아갈 것인가?'를 한 번쯤 고민하게 된다. 나는 힘들고 괴로운 일이 닥치면 "앞으로 어떻게 살아야 하지? 나는 어떻게 살아야 해?"라는 질문을 자주 했다. 하지만 아는 것이 없었고, 사는 법을 몰랐기 때문에 어떤 방법도 떠오르지 않는다. 어떤 사람은 주변의 사람들을 보고 비교하거나 동기 부여를 받아 배우며 살아가고 어떤 사람은 자연을 보며 배우고 살아간다. 나는 책을 통해 배우고 실천하며 살아가고 있다.

오늘은 우리 가게에 있는 화분에 물을 주는 날이었다. 가게에서 밥을 담당하고 있는 나는 쌀을 씻고, 화요일, 수요일이면 나눠서 한 달에 한 번씩 쌀뜨물을 준다. 작년에 엄마와 칼국수 가게를 개업해서 많은 화분을 받았고, 엄마, 아빠와 함께 모든 화분을 분갈이해주었다. 식물들도 기분이 좋았는지 쑥쑥 잘 자라서 가지치기도 해주어야 했고, 아기 스투키가 많이 자라서 분양을 하기도 했다. 스투키는 나의 관심과 정성을 아는 것인지 아기 스투키가 자라서 화분에 가득 찼다. 요즘 그 화분을 보며 '스투키밭'이라고 부른다.

나는 스투키 화분을 분양하면서 스투키의 뿌리를 보고 살기 위해서 얼마나 노력했는지 알 수 있었다. 우리 눈에는 보이지 않지만, 묵묵히 뿌리를 내리며 자라고 있었고, 아기 스투키가 엄마 스투키의 옆에 붙어 자라고 있었다. 하나의 스투키에서 3개의 스투키가 자라는 것도 있었다. 내가 가끔 게으름을 피워서 한 달 동안 물을 주지 않아도 스투키는 화를 내거나 불평하지 않았고, 아기 스투키를 키웠다. 금전수, 난, 스투키, 선인장, 인도고무나무, 행운목 등 각기 다른 모습이지만 다른 식물과 자신을 비교하지 않고 묵묵히 자신을 성장시키는 식물들을 보니 나보다 낫다는 생각이 들었다. 식물들은 물이 없을 때도, 뜨거운 태양을 받을 때도 묵묵히 견디며 자란다. 꿋꿋하게 잘 견뎠기 때문에 1년이 지난 지금도 잘 자라는 것 같다.

나는 직장생활을 할 때 나와 다른 사람들을 자주 비교했다. A선생님은 아이들을 주의 집중을 잘 시켜서 부러웠고, S선생님은 날씬하고, 예쁜데 아이들의 이야기를 잘 들어주는 것이 부러웠다. B선생님은 아이들의 문제를 잘 파악하고 아이들이 잘 성장할 수 있도록 꾸준히 노력해서 '어떻게 저렇게 할 수 있지?'라는 생각이 들었다. 나에게도 잘하는 것은 많았다. 서류를 빨리 작성했고, 서류 정리를 잘하고, 영상을 제작하거나 아이들이 좋아하는 것을 빨리 알아차렸다. 나는 아이들이 원하는 것을 잘 찾는 교사였지만 행동하지 않았고, 내가 잘하는 것보다 남들이 잘하는 것을 보았기 때문에 열정이 없었다.

식물들은 다른 식물과 비교하지 않는다. 꿋꿋이 자신의 꽃을 피우고 산다. 꽃을 피우기 위해 햇볕을 쬐고 물을 먹고 광합성을 한다. 책을 읽은 뒤로는 나의 장점을 찾기 시작했고, 나도 잘하는 것이 많고, 내가 이 세상에 존재하는 이유도 알 수 있었다. 식물들처럼 내가 잘하는 것을 찾고 나만의 꽃을 피우는 중이다. 나는 스투키인데 옆에 있는 선인장의 꽃을 부러워했다. 내가 할 수 없는 일에 미련을 두고 부정적인 생각을 하는 것은 바보 같은 일이다.

나처럼 직장생활에서 남들의 생활을 남들이 잘하는 것을 보면서 부러워하는 사람들이 있을 것이다. 당신에게도 잘하는 것이 있다. 그것을 찾고, 당신만의 꽃을 피워야 한다. 당신이 다른 꽃을 부러워할 때 다른 사람들은 당신의 꽃을 부러워하고 있을지도 모른다. 내가 그랬기 때문이다. 내가 항상 남들을 부러워할 때, 주변의 선배 선생님들은 "영화쌤은 어떻게 그렇게 서류를 빨리 작성해?, 영화쌤은 진짜 꾸준히 열심히 한다. 영화쌤, 영상 어떻게 만들었어? 정말 컴퓨터를 잘하는 것 같아." 나는 내가 칭찬을 듣고 있다는 것을 모르고 살았는데 남을 보는 것이 아닌 나를 보기 시작하면서 사람들도 나에게 부러워한다는 것을 느낄 수 있었다.

우리의 인생이 행복했으면 하는 것처럼 스투키도 자신이 예쁘고 아름답기를 바라지 않을까? 스투키는 꽃을 피울 수 없지만, 자신만의 방법으로 쑥쑥 크고 있다. 나는 다른 식물 중에서도 스투키가 제일 마음에 든다. 꽃이 피지 않는데 예쁜 식물은 스투키가 처음이었다. 스투키를 보면서 든 생각은 인생을 살아가는 데 정답은 없지만, 자신의 자리를 묵묵히 지키면서 힘들고 아프고 외로운 일이 있어도 나만의 꽃을 피워내야 한다는 것이다. 신기한 것은 꽃은 피면 다시 진다. 우리의 삶도 어떨 땐 피고 어떨 땐 진다. 그런데 스투키는 꽃을 피우지 않고 그 모습 그대로 쭉 살아간다. 나는 스투키처럼 그 모습 그대로 조금씩 자랄 것이고, 스투키가 아기 스투키를 만든 것처럼 나는 다른 사람들이 책을 읽는 삶을 만들 것이다. 나를 통해 책을 읽는 사람들이 점점 많아지기를 바란다.

6

독서는 누구나 할 수 있는
최고의 자기계발이다

–

삶을 바꾸고 싶다면
많은 것을 받아들여야 한다.

내가 직장생활을 할 때 매일 했던 말이 있다. 퇴근하면 가게 가서 오늘 서류 마무리해야지. 퇴근하면 가게에 가서 운동 30분 해야지. 퇴근하면 오늘은 책 읽어야지. 퇴근하면 자기계발 해야지. 나의 '퇴근하면 해야지.'라는 말은 퇴근과 함께 사라져버렸다.

나도 관리를 하고 싶었고, 성장하고 싶고, 힐링하고 싶었지만, 막상 퇴근하면 가게 일을 도와드려야 했고, 조용한 시간엔 스마트폰을 보느라 시간을 낭비했다. 거창한 목표는 매일 생기지만 지킨 것은 하나도 없는 듯한 느낌에 매일 나와의 약속을 어겨서 좌절하고 화가 났다. 올해는 코로나 19가 많은 '핑곗거리'가 되었다. "코로나 때문에 헬스장을 못 가서 살쪘어. 코로나 때문에 카페랑 독서실을 못 가서 공부하기 어려웠어. 코로나 때문에 어디 서점 같은데도 못 가고, 독서 모임도 취소되어서 혼자 책을 읽으려니 쉽지 않더라고." 하면서 자기계발을 자꾸만 미루게 된다.

직장인들은 바쁘고, 힘든 하루 속에서 자신의 정체감을 잊어가고, 자신이 무엇을 해야 하는지, 무엇 때문에 이렇게 하는지 모른 채 살아가고 있다. 직장인 우울증이 늘고, 무기력감이 생겨난다. 나도 이런 직장생활을 했었다. 24살 우울증이 왔고, 퇴근하면서 한천 다리를 건널 때마다 눈물을 흘렸다. 나는 왜 살고 있는가? 나는 일만 하기 위해 태어났는가?

힘들게 살아가고 있는 직장인에게 추천하는 것은 독서이다. 독서는 남녀노소 누구나 글자만 읽을 수 있으면 가능하다. 큰돈이 필요한 것도, 몸을 쓰는 일도, 필요한 것이 있는 것도 아니다. 책만 펼쳐서 읽기만 하면 된다. 직장인들이 독서가 중요하다는 것은 알지만 실천하지 않는 이유는 첫 번째, '시간이 없어서'이다.

나도 직장생활을 할 땐 엄마의 책을 읽으라는 말에 내가 시간이 어디 있냐고 말했다. 직장생활하면서 책 한 권을 완독하는 데 한 달이 걸렸다. 짬짬이 읽는다고 읽었는데 시간도 부족하고 책의 흐름이 끊겼다. 그래서 나는 직장인들에게 완독을 추천하지 않는다.

직장인이 책을 읽는 방법은 따로 있다. 시간이 없는데 책 한 권을 완독한다는 것은 어리석은 행동이다. 우리가 책을 읽는 이유가 무엇일까? 자기계발. 나의 삶에 도움이 되는 것을 찾기 위해서이다. 그러면 내가 그 책에서 도움 받을 수 있는 부분, 내가 필요로 하는 부분만 읽으면 된다. 직장생활하면서 일의 능률을 높이는 일도 중요하지만, 나의 삶이 성장하고 행복해지는 것이 제일 중요하다.

나는 어린이집 3년 차에 개인 시간이 되면 독서를 했다. 독서를 하면서 아이들의 마음을 좀 더 이해할 수 있었고, 일의 능률이 올라갔다. 우선순위를 정해서 일 처리를 할 수 있었고, 내가 무엇을 해야 하는지 계획하고 행동하게 되었다. 책을 읽기 전에는 개인 시간에 나의 일을 끝내고 다른 선생님들의 일을 도와주거나 일과를 이야기 하며 시간을 보냈다.

책을 읽은 뒤로는 개인 시간에 책을 읽고 있으니 말을 거는 사람도 없었다. 온전히 책에 집중해서 나와 대화하는 것, 나만의 시간이 조금씩 생겨나면서 마음의 여유도 생겼다. 마음에 여유가 생기니까 화도 줄고 하고 싶은 것도 생기기 시작했다.

직장인이 책을 읽지 않는 이유 두 번째는 책을 읽는 목적이 없기 때문이다. 내가 직장생활을 하면서 어려움을 겪었을 때 힘든 상황을 공감 받고, 해결책을 얻고 싶을 때였다. 아이들과의 문제, 학부모와의 문제에서 당황하고 있을 때 선배들에게 이야기하면 "나도 그랬어. 계속 일을 하다 보니까 노하우가 생기는 거지 처음엔 원래 그래."라고 말하거나 "우리 때는 말이야." 하면서 자신의 교사 시절을 이야기해주었다. 나는 공감을 받고 싶고, 어떻게 해야 할지 해결책을 물어보는 것이었는데 주변에서는 자신의 방식대로 해석하고 이야기했다. 나는 이 문제들을 책을 읽고 해결했다. 나는 해결하지 못하는 문제점을 찾기 위해서 독서를 한 것이었다. 교사 생활을 할 땐 『우리 아이가 달라졌어요. 1, 2』, 『종이 아이』, 『아이들이 행복할 때 교사도 행복하다』 등을 사서 읽었다. 아이들이 책 속 사례와 같은 행동을 보이면 그 책에서 알려준 방법대로 아이들을 가르쳤다. 25살 때 자기계발 서적을 읽기 시작하면서 나는 '아이들을 가르치는 데에도 자기계발 서적을 읽어야 하는구나.'라고 느꼈다. 자기계발 서적을 읽으면서 나는 진정으로 아이들을 볼 수 있었고, 어린이집을 퇴사한 후 꾸준히 책을 읽으면서 나는 아쉬움이 들었다.

내가 진작에 책을 읽고 교사를 했다면 '아이들에게 이렇게 가르쳤을 텐데, 아이들과 이렇게 대화했을 텐데….'라는 생각이 들었다. 그래도 후회하진 않았다. 그때는 내가 아는 것만큼 최선을 다해서 보았기 때문이다. 우리가 꾸준히 자기계발을 해야 하는 이유는 아는 만큼 보이고, 아는 만큼 가르치기 때문이다. 내가 많이 알고 있어야 아이들에게 많은 것을 가르쳐줄 수 있다. 책을 읽는 목적이 나에게는 '아이들을 잘 가르치는 교사가 되고 싶다'는 것이었다. 자신만의 독서 목적을 만들어야 한다.

세 번째는, 쉬운 책부터 읽어야 한다. 사람들은 남들에게 보여주기 위해 책을 읽는 때도 있다. 그러면 나만의 독서를 할 수 없다. 내가 정말 필요로 하는 내용의 책을 골라서 읽어야 한다. 읽어보고 어려우면 다른 책을 읽어야 한다. 그 책은 아직 내가 읽을 만한 책이 아니다. 돈을 모을 때, 100원짜리 10개를 모아야 1,000원이 되고, 1,000원짜리 10장을 모아야 만 원이 되듯이 책을 볼 때도 차근차근 단계를 밟아야 한다. 자기계발서가 어렵다면 탈무드 책도 좋다. 나에게 가르침을 주는 책부터 시작하다 보면 점점 내가 읽는 책의 분야도 넓어지고, 수준 높은 책도 읽게 된다.

자기계발은 어른들만 하는 것이 아니다. 나는 어린이집을 하면서 '영유아도 자기계발을 하는데 나는 무얼 하고 있는가.'라는 생각이 들었다. 발레학원에 다니고 태권도에 다니면서 아이들은 자신만의 꿈을 품고 매일 열심히 생활한다. 그런데 어른인 나는 아이들보다 열심히 살지 않는다고 생각이 들었다. 아이들은 꾸준히 어린이집에 와서 수업을 듣고, 자기 생각을 이야기하고, 학원에도 다니면서 자신의 삶을 꾸려나간다. 영아들도 마찬가지이다. 여러 장난감을 가지고 놀이하면서 아이들은 사고를 확장하고 배워간다. 아이들이 놀잇감을 가지고 노는 행위가 우리에겐 책을 읽는 행동이다.

　나는 열심히 일했다. 직장 일에 부모님 가게일, 집에 가면 빨래와 청소를 했다. 내 시간이 없어져가면서까지 열심히 했지만, 항상 마음이 공허하고 부족하다는 생각이 들었다. 온종일 열심히 했지만 뭔가를 한 게 없는 듯한 허전함 마음이 들었다. 나는 책을 읽고 알았다. 살면서 열심히 하지만 뭔가 허전한 느낌이 든다면 당신이 어떤 삶을 살고 있는지 알아야 한다. 당신의 삶에는 꿈이 없고, 당신은 살고 있는 의미를 모르기 때문이다.

　나는 피겨여왕 김연아 선수의 명언을 좋아한다.

　"물을 끓이는 데 필요한 온도는 100도이다. 99도까지 죽을힘을 다해 온도를 올려도 마지막 1도를 넘지 못하면 물은 영원히 끓지 않는다. 마지막 1도가 물을 끓이는 것이다."

　사람들은 삶을 바꾸고 싶어 한다. 그러나 삶을 바꾸고 싶다면 많은 것을 받아들여야 한다는 사실을 모르고 있다. 물을 끓이는 데 필요한 온도는 100도이지만 사람들은 99도까지 끓이지 않고 바로 물을 끓이는 방법을 찾고 있다. 이 세상에 노력 없는 결과는 없다고 했다. 막냇동생과 나는 자주 게으름을 피우고 장난을 쳤다. 진지해야 할 때 한 번씩 장난을 치면 엄마에게 크게 혼이 났다. "너희는 인생이 장난이야? 왜 맨날 장난만 치려고 해. 생각하고, 나중에 어떤 사람이 될지 진지하게 살아. 인생은 장난이 아니야. 그냥 산다고 살아지는 게 아니라고." '인생은 장난이 아니다.'라는 말을 정말 많이 들었다. 우리는 그 순간을 장난으로 보낸 것인데 엄마는 그 순간마저도 우리의 삶이라고 생각했다.

나는 이 말을 들었을 때 억울하다고 한 적도 있었다. 열심히 일하고 내 시간도 없이 사는데 내가 인생을 장난으로 살고 있다니!! 그런데 엄마가 보기엔 내가 삶의 의미 없이 사는 것처럼 보인 모양이다. 나는 내가 왜 사는지, 내가 왜 일하는지, 나는 누구인지 알아야 했다.

최고의 자기계발은 내가 무엇을 잘하고, 무엇을 좋아하고, 나는 어떤 사람인지 알려주고, 그것을 성장시켜주는 것이다. 나는 이것이 독서라고 생각한다.

7

평범한 직장인에게
독서는 가장 큰 무기다

_

과거를 바꿀 수는 없지만,
미래는 바꿀 수 있다.

'첫째, 가장 중요한 시간은 언제인가? 둘째, 가장 중요한 사람은 누구인가? 셋째, 가장 중요한 일은 무엇인가? 세상에서 가장 중요한 때는 바로 지금, 이 순간이다. 가장 중요한 사람은 지금 나와 함께 있는 사람이고, 가장 중요한 일은 지금 내 곁에 있는 사람들을 위해 좋은 일을 하는 것이다. 10대와 20대는 인생에서 가장 의미 있고 값진 시기이다.'

오늘 책을 읽다가 레프 톨스토이의 질문을 보았다. 인생의 성공과 행복은 사는 방식에 달려 있다. 대충 살기보다 어떻게 사는 게 잘사는 것인지, 중요한 것인지 끊임없이 고민해야 한다. 성공한 사람들은 자신이 이루고자 하는 꿈을 향해 쉬지 않고 도전한다. 책을 읽고 롤 모델을 찾고,

5 장 평범한 직장인에게 독서는 가장 큰 무기다 **287**

롤 모델이 걸었던 길을 그대로 걸어보자. 롤 모델이 있는 사람과 없는 사람의 차이는 하늘과 땅 차이로 벌어지게 된다.

나는 직장생활을 할 때 내 주변의 선배들을 롤 모델로 정했다. 우리는 주변 사람들을 보면서 비교하고 배우며 살아간다. 그 사람이 살아온 대로 살게 되니 내 삶도 행복하지 않은 것이다. 우리는 이 중요한 시기를 어떻게 보내고 있는가? 매일 직장에 출근해서 바쁜 업무와 불어나는 서류에 지치고, 종일 죄송하다는 말을 하며 죄의식을 느끼고, 몸이 녹초가 되어 집으로 돌아온다.

내 주위의 직장인들은 아침부터 저녁 6시까지 정말 열심히 일한다. 나도 책을 읽기 전에는 일 중독이라는 소리를 들을 정도로 열심히 살아왔다. 학창시절부터 학교생활을 하면서 부모님의 가게 일을 도왔고, 직장생활을 하면서도 12시까지 가게 일을 도우며 열심히 일했다.

이 세상은 열심히만 일한다고 해서 성공할 수 없다. 우리 주변에 열심히 사는 사람은 너무나 많다. 그런데 왜 맨날 힘들고 불평불만을 하는 것일까? 내가 어린이집에 취직했을 때 다른 지역에 있던 친구들에게 카카오톡 연락이 왔다. 입사한 해에 평가 인증이 있는데 혹시 올해 평가 인증을 하느냐고 물었다. 나는 평가 인증을 하지 않는다고 말하고 끊었는데 몇 달 뒤 다른 친구들에게도 연락이 왔다.

그해에 평가 인증을 했던 친구들은 대부분 직장을 그만두거나 다른 곳으로 옮겼다. 자정이 넘도록 매일 야근을 해야 했고, 수업 준비에 남은 일까지 하려니 병이 난다는 것이었다. 게다가 입사한 지 얼마 되지 않아서 자신과 맞지 않는 선생님 때문에 스트레스를 받는다고 말했다. 우리는 성공하려고, 행복하려고 취업을 한다. 그러나 꿈과 희망 없이 돈만 벌려고 일하는 것은 동전을 먹어야만 음료수를 내주는 자판기와 다르지 않은 것이다.

어쩌면 지금, 이 순간 나의 책을 보고 있는 당신은 무겁고 힘든 짐을 홀로 지고 있는지도 모른다. 제일 먼저 나를 먹여 살려야 하고, 결혼했다면 부모가 되어 아이들을 키워야 한다. 나이 든 부모님을 부양할 수도 있다. 삶은 나 혼자 사는 것이 아니기에 많은 것을 해내려고 하다 보면 짐은 나의 몸무게를 넘어서 있을지도 모른다. 혼자 모든 짐을 어깨에 메고 끙끙거리며 앞으로 나아가고 있을 당신을 생각하면 마음이 아프다. 나도 그랬기 때문이다.

이젠 짐을 하나씩 나누어 들고 가야 한다. 당신이 혼자 짐을 메고 걸어간다면 더딜 수밖에 없고, 힘이 들 수밖에 없다. 사람들은 당신이 힘들다고 하면 말로는 공감하지만, 몸으로 느껴보지 않았기 때문에 실감하지 못한다. 당신이 얼마나 힘든지 모르기 때문에 짐을 자꾸만 당신의 어깨에 올려두는 것이다.

다 같이 나누어 하나씩 들면 더 많은 길을 함께 갈 수 있고, 짐을 메고 가는 것이 힘들다는 것을 느낄 수 있다. 과거를 바꿀 수는 없지만, 미래는 바꿀 수 있다. 누구나 실패를 두려워한다. 하지만 실패가 두려워서 아무것도 시도하지 않는다면 앞으로 똑같은 삶을 살게 된다.

평범한 직장인이었고, 평범한 자영업자였던 나는 독서로 삶이 변했다. 내가 변한 것처럼 당신의 삶도 바뀔 수 있다. 직장에 취직했다고 직장인이 되는 것은 아니라는 생각이 없었다. 매일 직장에 다니는 좀비와 다를 게 무엇일까? 꿈도 없고 희망도 없는 삶. 공허한 뇌를 가지고 걸어가는 것은 좀비이다. 배고픔에 굶주려 먹잇감을 찾아다니는 좀비. 요즘엔 직장 좀비가 많이 늘어나는 것 같다. 자신이 회사에서 무슨 일을 해야 하는지 더 나은 삶을 위해 무엇을 해야 하는지 모르는 것 같다. 앞으로 잘되고 싶고 성공하고 싶다면 끊임없이 배우고 익히고 그것을 실천하는 것을 습관화해야 한다.

직장생활이 힘든 이유는 상황에 대응하는 방법, 경험치를 높이는 법을 모르기 때문이다. 사람들은 오랜 시간 일하고, 많은 것을 직접 경험해야지만 자신의 것이라고 말한다. 나는 책을 읽고 다른 사람의 경험을 통해 '내가 그렇게 하면 안 되는 거였구나, 앞으로는 이렇게 해야겠다'는 생각이 들었다.

평범한 직장인들은 오랫동안 학교생활을 하면서 지내왔다. 처음엔 학교에서 배운 지식과 경험을 바탕으로 직장생활에 적용하고, 새로운 환경에 관심을 두고 일을 하게 된다. 어느 정도 시간이 지나면 자신도 모르게 그 환경에 익숙해져서 새로운 것을 받아들이는 것이 어렵고, 변화하는 것에 두려움을 갖는다.

그리고 조금 더 지나면 '앞으로 무엇을 해야 하지?'라는 고민에 빠지게 된다. 우리는 어려운 상황에 빠지면 주변 사람들을 보고 조언을 구한다. 현명하게 살아가기 위해서 우리는 전문가를 통해 삶을 개선하거나, 성공한 사람들을 만나서 멘토에게 배워 삶을 살아야 한다. 인생을 살면서 성공한 멘토를 만나기는 쉽지 않다. 또 비싼 비용과 시간을 들여 전문가를 만나기도 쉽지 않다. 그래서 선택한 것이 독서였다.

나는 마음이 힘들고 괴로울 때는 전문가에게 상담을 받고 싶다는 생각을 했다. 작년에 네이버에 심리상담 프로그램이 생겼다. 나는 그 프로그램에 들어갔다 나오기를 여러 번 반복했고, 결제라는 버튼 위에서 누를까 말까를 몇 분 동안 고민했다. 내가 고민한 이유는 '과연 이 상담을 통해 내 삶이 바뀔까? 그냥 누군가가 나의 이야기를 들어주었으면 하는 게 아닐까?'라는 생각이 들었기 때문이다. 직장생활 하는 나에겐 큰돈이 없었기 때문에 일단 내가 하고 싶은 말이 있다면 그것을 종이에 적어보자는 생각이 들었다.

일기를 쓰면서 나는 생각이 많이 바뀌었다. 내가 오늘 어떤 생각을 했고, 나에게 어떤 일이 있었는지 내가 쓰고 싶은 대로 내가 생각한 대로 적었지만, 나중에 다 쓴 후 그 글을 읽어보면 내가 어떤 점을 잘못했고, 상대방이 나에게 왜 그렇게 대했는지 알 수 있었다. 나에게 왜 그런 일이 일어났는지도 알 수 있었다.

그런데 일기를 쓰고 독서를 하면서 더 많은 것을 깨달을 수 있었다. 일기는 내가 쓴 것을 보고 다시 생각하는 것에서 끝났다면, 독서는 내가 더 발전할 수 있도록 도와주었다. '독서'라는 무기는 현재를 살아가는 직장인에게 가장 필요한 것일 수 있다. 이 무기가 평범한 직장인들에게 삶의 바른 방향을 가는 법을 알려주는 멘토가 될 것이고, 미래를 설계하는 데 많은 도움을 줄 것이다. 또, 우리가 생활하면서 다양한 장애물을 만났을 때 극복할 수 있는 법을 알려주는 해설서가 되기도 한다.

학창시절 시험공부를 하다가 막히면 나는 해설지를 보았다. 막히고 답답한데 해설지를 보지 말라는 것은 혼자서 모든 시행착오를 겪어내라는 것과 같다. 이런저런 방법을 사용하지만 해답은 나오지 않는다. 방법을 모르기 때문이다. 우리가 방법을 모른 채 인생을 이렇게 살고 있다면 얼마다 답답하고 막막할까? 문제가 풀리지 않아 답답할 때 뒤로 넘어가서 해설지를 보면 속이 시원해진다. '이렇게 쉬운 방법이 있었는데, 나는 어렵게 생각하고 있었구나.' 하며 웃음이 난다. 우리가 세상을 사는 데 어려운 이유는 쉬운 방법을 모르고 있기 때문이다. 직장 상사의 지시만을 따르며 내 생각 없이 회사 생활을 하다 보면 당신이 회사를 떠나려고 할 때 당신의 지능이 어린이집 아이들과 같다는 것을 느낄 수 있다. 끊임없이 자기계발을 하고 자신의 삶을 살아야 한다.

직장을 그만둘 때 책을 읽지 않았더라면 사회에서 불어오는 작은 바람도 견디지 못하는 작은 촛불이 되어 있었을 것이다.

독서는
당신의 삶에
나침반이
되어줄 것이다

나는 책을 읽으면서 2년 만에 빠르게 삶이 바뀌었다. 엄마와 네이버 카페 〈하루한권독서연구소〉를 공동으로 운영하고, 유튜브 〈모녀작가TV〉와 네이버 블로그 〈꿈꾸는 모녀작가〉, 인스타그램, 페이스북 등 SNS를 통해 사람들에게 독서의 중요성과 독서를 해야 하는 이유, 독서를 하면 달라지는 점에 대해 알려주고 독서에 관련된 책도 집필하고 있다.

나는 강연가가 되고, 유튜버, 블로거, 카페 운영자가 될 줄 몰랐다. 내 인생에서 꿈을 찾게 될 날이 올 것이라는 생각을 하지 못했다. 내성적이고 소심하고 부정적인 생각을 많이 했던 어린 어른, 책만 펼치면 잠들었던 내가 시간 가는 줄 모른 채 아침, 밤 가리지 않고 매일 책에 빠져들었다. 큰 명언을 하나 만날 때면 망치로 머리를 한 대 맞은 느낌이 들었다. 책에는 한 사람의 인생과 고난과 역경을 이겨낸 노하우가 적혀 있다. 나와 비슷한 사례들을 읽을 때면 더욱 몰입해서 읽었고, 해결된 문제들을 보면서 감탄했다.

책에서 알려준 방법대로 행동했다. 그렇게 책은 내 인생의 나침반이 되어주었고, 내가 어떻게 살아야 하는지 알려주었다. 가끔은 멘토처럼 가르쳐주기도 하고, 가끔은 친구처럼 공감해주고 격려해주기도 했다. 독서를 한 후 나와 엄마의 하루는 48시간처럼 빠르게 흘러가고 있고, 우리는 지금 그만큼 성장했다.

삶을 힘들어하는 사람들을 만나면 '당신을 사랑한다면 독서를 하세요.'라고 말하고 싶다. 나는 독서를 통해 나를 사랑하게 되었고, 가족, 주변 사람, 모든 것을 조금씩 사랑하게 되었다. 사랑하면 모든 것이 행복하게 느껴진다.

나는 이 책을 쓰면서 사람들이 독서를 한다는 생각에 행복함이 밀려왔다. 내가 좋아하는 책을 다른 사람도 좋아하고, 내가 공감했던 부분을 함께 공감하고, 많은 사람이 삶을 살아가는 방법을 터득해서 웃게 된다고 생각하니 기분이 좋았다. 앞으로 독서를 시작할 사람들에게 이 책이 유용한 지침서가 되었으면 한다.

옛말에 세상에서 제일 무거운 것은 눈꺼풀이라고 했다. 나는 요즘 사람들을 보면서 세상에서 제일 무거운 것은 입꼬리라는 생각이 든다. 가족들을 위해, 자신의 꿈을 위해 뜬눈으로 밤을 지새우는 사람들이 많다. 주변을 둘러보면 사람들의 입꼬리는 너무 무거운지 웃고 있는 사람들을 보기 어렵다. '바쁘다, 힘들다. 죽겠다, 어렵다.'라는 말을 하는 사람들의 입꼬리는 무겁다 못해 처져 있다.

며칠 전 내가 읽던 『짧고 깊은 조언』 책에서 "슬픈 일이 아니면 항상 웃고 있어라."라는 문장을 보고 반성했다. 나는 즐겁고 기분이 좋을 때만 웃었고, 평상시에 웃으려고 노력하지 않았다. 앞으로 더욱 자주 웃으려고 노력할 것이다. 슬프지 않은데 우리는 왜 웃지 않는가?

예전에 비하면 독서를 하면서 나는 웃을 일이 많아졌고, 마음의 여유가 생겼다. 사람들이 나처럼 책을 통해 힘들었던 상황의 해결책을 찾고, 외롭고 힘든 날 공감되는 문장을 만나 위로받고, '삶이란 힘든 것만은 아니구나.'라는 것을 알게 되면서 삶이 달라지는 경험을 하기 바란다.

한 사람은 민들레 하나와 같다. 민들레 하나가 바람을 만나 홀씨를 뿌리며 멀리 퍼지듯이 한 사람이 책을 만나면 주변 사람들에게 긍정적인 영향을 준다. 엄마가 삶을 바꾸기 위해 시작했던 독서가 나를 바꾸기 시작했고, 그 영향력으로 가족, 이웃, 친구들도 바뀌기 시작했다. 나는 더 많은 사람이 독서를 통해 치유받고 성장하는 삶을 살았으면 좋겠다.

'책은 인생의 험준한 바다를 항해하는 데 도움이 되도록 남들이 마련해 준 나침반이요, 망원경이요, 육분의요, 도표이다.'

제시 리 베넷의 말이다. 책은 당신의 삶에 나침반이 되어줄 것이다.

부록

—

1년
200권
리스트

『절제의 성공학』 미즈노 남보쿠, 류건 권세진, 바람, 2006. 09. 16
『부자의 운』 사이토 히토리, 하연수, 다산북스, 2015. 04. 17
『데일카네기 인간관계론』 데일 카네기, 이문필 베이직북스, 2018. 01. 15
『여성을 위한 데일 카네기』 데일 카네기, 김문주, 베이직북스, 2011. 06. 06
『나는 습관을 조금 바꾸기로 했다』 사사키 후미오, 정지영, 쌤앤파커스, 2019. 02. 11
『배짱으로 삽시다』 이시형, 풀잎, 2013. 12. 10
『여자에게 공부가 필요할 때』 김애리, 카시오페아, 2014. 07. 18
『유대인 엄마의 힘』 사라 이마스, 정주은, 위즈덤하우스, 2014. 10. 13
『자제력 수업』 피터 홀린스, 포레스트북스, 2019. 02. 25
『습관 66일의 기적』 고봉익, 김승 외 1명, 새앙뿔, 2010. 01. 20
『좋은 어른이 되는 법』 반도 마리코, 홍희정, 새앙뿔, 2010. 02. 10
『내 영혼이 따뜻했던 날들』 포리스트 카터, 조경숙, 아름드리미디어, 2014. 05
『여성의 품격』 반도 마리코, 김숙이, 청해, 2007. 10. 08
『사랑;짓』 이정, 프리즘, 2018. 11. 02

『상자 밖에 있는 사람들』, 아빈저연구소, 차동욱 외 1명, 위즈덤아카데미, 2010. 02. 09

『1일 1분 정리법』, 고마츠 야스시, 즐거운 상상, 2019. 01. 10

『하루 15분 정리의 힘』, 윤선현, 위즈덤하우스, 2012. 03. 23

『2억 빚을 진 내게 우주님이 가르쳐준 운이 풀리는 말버릇』, 코이케 히로시, 나무생각, 2017. 08. 14

『2억 빚을 진 내게 우주님이 가르쳐준 운이 풀리는 말버릇(만화편)』, 고이케 히로시, 나무생각, 2018. 12. 18

『2억 빚을 진 내가 뒤늦게 알게 된 소~오름 돋는 우주의 법칙』, 고이케 히로시, 이정환, 나무생각, 2019. 11. 11

『독서 천재가 된 홍대리 1』, 이지성, 정회일, 다산북스, 2011. 08. 29

『독서 천재가 된 홍대리 2』, 이지성, 다산라이프, 2012. 12. 14

『가족연습』, 김미애, 시그마북스, 2016. 07. 01

『좋은 부모의 시작은 자기 치유다』, 비벌리 엔젤, 조수진, 책으로여는세상, 2009. 11. 25

『아들러 심리학 입문』, 알프레드 아들러, 김문성, 스타북스, 2015. 09. 21

『프레임』, 최인철, 21세기북스, 2016. 08. 31

『불평없이 살아보기』, 윌 보웬, 이종인, 세종서적, 2014. 09. 15

『모두가 행복해지는 공감연습』, 김환, 소울메이트, 2014. 11. 20

『나는 왜 저 인간에게 휘둘릴까?』, 가타다 다마미, 정선미, 쌤앤파커스, 2018. 04. 12

『위즈덤』, 오프라 윈프리, 노혜숙, 다산책방, 2019. 06

『치유』, 루이스 L. 헤이, 박정길, 나들목, 2012. 06. 05

『자기사랑』, 로렌스 크레인, 편기욱, 가디언, 2019. 03. 27

『오제은 교수의 자기사랑노트』, 오제은, 샨티, 2009. 03. 15

『회복탄력성』, 김주환, 위즈덤하우스, 2019. 03. 29

『화성에서 온 남자 금성에서 온 여자』, 존 그레이, 김경숙, 동녘라이프, 2010. 04. 15

『자존감 수업』, 윤홍균, 심플라이프, 2016. 09. 01

『친절한 사람이고 싶지만 호구는 싫어』, 2018. 12. 17

『배려의 대화』, 조완욱, 함께북스, 2019. 07. 10

『너만의 명작을 그려라』, 마이클 린버그, 유혜경, 한언출판사, 2002. 10. 05

『머니룰』, 에스더 힉스, 제리 힉스, 박행국, 나비랑북스, 2012. 05. 10

『확신의 힘』, 웨인 다이어, 김아영, 21세기북스, 2013. 08. 16

『살며 사랑하며 배우며』, 레오 버스카글리아, 이은선, 홍익출판사, 2015. 07. 03

『E2』, 팸 그라우트, 이경남, 알키, 2014. 02. 20

『왕자님을 만날래요 신데렐라는 뻔뻔하게 말했다』, 고코로야 진노스케, 김한나, 유노북스, 2018. 10. 17

『내가 소홀했던 것들』, 흔글, 알에이치코리아, 2018. 01. 17

『끌리는 사람은 매출이 다르다』 김주하, 나비의활주로, 2017. 11. 29

『결혼 전에 치유 받아야 할 마음의 상처와 아픔들』 주서택, 순출판사, 2001. 12. 15

『스마트컷』 셰인 스노, 구계원, 알에이치코리아, 2014. 10. 30

『어떻게 원하는 것을 얻는가』 스튜어트 다이아몬드, 김태훈, 8.0, 2011. 11. 30

『신이 쉼표를 넣은 곳에 마침표를 찍지 말라』 류시화, 더숲, 2019. 12. 06

『인생 우화』 류시화, 연금술사, 2018. 07. 30

『좋은 엄마로 산다는 것』 이옥경, 좋은날들, 2015. 07. 10

『배움을 돈으로 바꾸는 기술』 이노우에 히로유키, 박연정, 예문, 2013. 12. 30

『나를 자유롭게 하는 관계』 아빈저연구소, 서상태, 위즈덤아카데미, 2018. 01. 26

『하버드 상위 1퍼센트의 비밀』 정주영, 한국경제신문, 2018. 10. 17

『결국 당신은 이길 것이다』 나폴레온 힐, 샤론 레흐트, 강점임, 흐름출판, 2013. 09. 10

『기운 빼앗는 사람, 내 인생에서 빼버리세요』 스테판 클레르제, 위즈덤하우스, 2019. 04. 25

『슈퍼노멀』 멕 제이, 김진주, 와이즈베리, 2019. 01. 11

『아들아, 서른에는 노자를 만나라』 장석주, 위즈덤하우스, 2013. 09. 16

『당신이 옳다』 정혜신, 해냄출판사, 2018. 10. 10

『피해의식의 심리학』 야야 헤룹스트, 양문, 2005. 11. 21

『곰돌이 푸, 행복한 일은 매일 있어』 알에이치코리아, 2018. 03. 12

『나, 있는 그대로 참 좋다』 조유미, 허밍버드, 2017. 09. 22

『가볍게 안는다』 심현보, 미호, 2018. 12. 17

『백만장자 메신저』 브렌든 버처드, 위선주, 리더스북, 2018. 04. 27

『미움받을 용기 1』 고가 후미타케, 기시미 이치로, 전경아, 인플루엔셜, 2014. 11. 17

『항상 나를 가로막는 나에게』 김현철, 알프레드 아들러 외 1명, 카시오페아, 2014. 06. 12

『가슴에 바로 전달되는 아들러식 대화법』 도다 구미, 이정환, 나무생각, 2015. 09. 15

『너의 무대를 세계로 옮겨라』 안석화, 위즈덤하우스, 2005. 03. 10

『왓칭』 김상운, 정신세계사, 2011. 04. 12

『짧고 깊은 조언』 허버트 뉴튼 카슨, 황현덕, 수린재, 2012. 02. 20

『1일 1행의 기적』 유근용, 비즈니스북스, 2019. 03. 20

『종이 위의 기적, 쓰면 이루어진다』 헨리에트 앤 클라우저, 안기순, 한언, 2016. 11. 10

『네 안에 잠든 거인을 깨워라』 토니 로빈스, 조진형, 씨앗을뿌리는사람, 2008. 03. 25

『내가 춤추면 코끼리도 춤춘다』 이서윤, 이다미디어, 2009. 10. 14

『두뇌코칭』 존 메디나, 최성애, 한국경제신문사, 2012. 04. 20

『그림책으로 아이 마음 읽어주기 엄마 마음 위로하기』, 김영아, 사우, 2019. 11. 27

『하브루타 질문 독서법』, 김혜경, 경향BP, 2018. 06. 01

『적을 만들지 않는 대화법』, 샘 혼, 이상원, 갈매나무, 2015. 03. 23

『누가 내 치즈를 옮겼을까?』, 스펜서 존스, 이영진, 진명출판사, 2015. 05. 08

『몰입의 즐거움』, 미하이 칙센트미하이, 이희재, 해냄, 2007. 11. 20

『시골의사의 부자경제학』, 박경철, 리더스북, 2011. 10. 10

『제대로 살아야 하는 이유』, 멕 제이, 김아영, 생각연구소, 2013. 03. 29

『베스트 셀프』, 마이크 베이어, 강주헌, 안드로메디안, 2019. 09. 18

『엄마의 자존감』, 메그 미커, 김아영, 알에이치코리아, 2017. 12. 18

『아무도 가르쳐주지 않는 부의 비밀』, 오리슨 S.마든, 박별, 나래북, 예림북, 2015. 03. 20

『나에게 쓰는 긍정의 힐링노트』, 유종문, 아이템북스(홍진미디어), 2013. 03. 15

『지중해부자』, 박종기, 알에이치코리아, 2014. 08. 20

『월급쟁이 부자들』, 이명로(상승미소), 스마트북스, 2019. 02. 28

『부자 아빠 가난한 아빠』, 로버트 기요사키, 형선호, 황금가지, 2001. 05. 28

『사랑, 끌림의 심리학』, 레슬리 베커 펠프스, 김보미, 시그마북스, 2016. 04. 15

『스님의 주례사』, 법륜(승려), 휴, 2010. 09. 13

『자신감』, 샤를 페펭, 김보희, 미래타임즈, 2019. 06. 10

『나는 둔감하게 살기로 했다』, 와타나베 준이치, 정세영, 다산초당(다산북스), 2018. 04. 10

『행복의 힘』, 조엘 오스틴, 이은진, 생각연구소, 2012. 07. 10

『걱정을 해서 걱정이 없어지면 걱정이 없겠네』, 오시마 노부요리, 이승빈, 반니, 2018. 10. 25

『아이 마음을 읽는 단어』, 새벽달(남수진), 청림Life, 2019. 09. 04

『체크! 체크리스트』, 아툴 가완디, 박산호, 21세기북스, 2010. 07. 09

『디테일의 힘』, 왕중추, 허유영, 올림, 2005. 11. 02

『생각 버리기 연습』, 코이케 류노스케, 유윤한, 21세기북스, 2018. 03. 15

『미라클모닝』, 할 엘로드, 김현수, 한빛비즈, 2016. 02. 22

『화내지 않는 연습』, 코이케 류노스케, 양영철, 21세기북스, 2011. 03. 15

『12가지 행복의 법칙』, 릭 핵슨, 포러스트 핸슨, 홍경탁, 위너스북, 2019. 07. 20

『FBI 관찰의 기술』, 조 내버로, 김수민, 리더스북, 2019. 06. 19

『에픽테토스의 자유와 행복에 이르는 삶의 기술』, 에픽테토스, 아리아노스, 강분석, 사람과 책, 2008. 10. 22

『5가지 사랑의 언어』, 게리 채프먼, 장동숙, 생명의말씀사, 2010. 03. 25

『신경끄기의 기술』, 마크 맨슨, 한재호, 갤리온, 2017. 10. 27

『다이어트 불변의 법칙』, 하비 다이아몬드, 강신원, 사이몬북스, 2016. 05. 01

『몹시 예민하지만, 내일부터 편안하게』, 나가누마 무츠오, 이정은, 홍익출판사, 2019. 04. 02

『나는 왜 네가 힘들까』, 크리스텔 프티콜랭, 이세진, 부키, 2016. 10. 21

『타이탄의 도구들』, 팀 페리스, 박선령, 정지현, 토네이도, 2017. 04. 03

『진짜 마음 가짜 마음』, 김영국, 북랩, 2015. 10. 01

『사람과 함께 사람으로 성공하라』, 폴 맥기, 정지현, 씽크뱅크, 2013. 10. 21

『지적 대화를 위한 넓고 얕은 지식 : 현실 세계 편』, 채사장, 한빛비즈, 2014. 11. 24

『아이와 통하고 싶다』, 최명희, 공동체, 2013. 10. 20

『우주는 당신의 느낌을 듣는다』, 웨인 W. 다이어, 에스더 힉스, 이현주, 샨티, 2018. 09. 07

『행복한 생각』, 루이스 L. 헤이, 구승준, 한문화, 2009. 12. 16

『관점을 디자인하라』, 박용후, 프롬북스, 2013. 07. 12

『유태인식 천재 교육법』, 이성종, 글로북스, 2011. 06. 15

『성공한 사람들의 행동 습관』, 데일 카네기, 김병민, 해피앤북스, 2012. 11. 20

『100억 부자의 생각의 비밀』, 김도사, 위닝북스, 2019. 07. 29

『마음을 리셋할 때 읽으면 좋은 7가지 어드바이스』, 사이토 시게타, 최선임, 지식여행, 2006. 08. 10

『백종원의 장사 이야기』, 백종원, 서울문화사, 2016. 09. 05

『한 줄의 기적, 감사일기』, 양경윤, 쌤앤파커스, 2014. 12. 05

『그들은 책 어디에 밑줄을 긋는가』, 도이 에이지, 이자영, 비즈니스북스, 2017. 11. 25

『걱정 버리기 연습』, 브렌다 쇼샤나, 김지영, 예문, 2014. 04. 28

『생각하라! 그러면 부자가 되리라』, 나폴레온 힐, 남문희, 국일 미디어, 2018. 01. 22

『운을 부르는 부자의 말투』, 미야모토 마유미, 김지윤, 포레스트북스, 2018. 08

『여덟 가지 삶의 태도』, 나폴레온 힐, 흐름출판, 2019. 10. 31

『나는 왜 책읽기가 힘들까?』, 도야마 시게히코, 문지영, 다온북스, 2016. 06

『더 플러스』, 조성희, 유영, 2020. 07

『백만불짜리 습관』, 브라이언 트레이시, 서사봉, 용오름, 2005. 01

『놓치고 싶지 않은 나의 꿈 나의 인생 1』, 나폴레온 힐, 권혁철, 국일미디어, 2015. 12. 16

『부자의 행동습관』, 사이토 히토리, 이지수, 다산북스, 2020. 06. 25

『믿음으로 걸어라』, 네빌 고다드, 이상민, 서른세개의계단, 2009. 11. 11

『절제의 행복학』, 류건 바람, 2019. 01. 14

『네빌 고다드의 부활』, 네빌 고다드, 이상민, 서른세계의계단, 2014. 07. 15

『인생은 오늘의 24시간을 어떻게 쓸 것인가에 달려 있다』, 레이 조지프, 정재욱, 아이템북스, 2007. 04. 10

『THE GOAL』엘리 골드렛, 제프 콕스, 강승덕 외 2명, 동양북스, 2019. 08. 15

『허공의 놀라운 비밀』남경흥, 자식과감성, 2013. 10. 10

『14살 세상 끝의 좌절, 23살 세상 속으로의 도전』심현주, 좋은인상, 2010. 05. 18

『이기는 습관』전옥표, 쌤앤파커스, 2007. 04. 17

『무소의 뿔처럼 당당하게 나아가라』스콧 알렉산더, 엄성수, 위너스북, 2020. 06. 20

『꿈이 나에게 묻는 열 가지 질문』존 맥스웰 이애리, 비즈니스맵, 2010. 12. 17

『스스로 행복하라』법정(승려), 샘터, 2020. 01. 06

『시작하기엔 너무 늦지 않았을까?』벨라 마키, 김고명, 비잉, 2019. 10. 02

『죽음 이후의 또다른 삶』리사 윌리엄스, 자야리라, 정신세계사, 2012. 10. 19

『하버드 글쓰기 강의』바버라 베이그, 박병화, 에쎄, 2011. 06. 07

『리더의 말공부』박수밀, 송원찬, 세종서적, 2018. 07. 23

『미친 꿈에 도전하라』권동희, 위닝북스, 2013. 11. 25

『아들아, 너만의 인생을 그려라』필립 체스터필드, 강미경, 느낌이있는책, 2020. 08. 05

『흥하는 말씨 망하는 말투1』이상헌, 나무옆의자, 2019. 06. 07

『파는 것이 인간이다』다니엘 핑크, 김명철, 청림출판, 2013. 08. 12

『스무살 여행, 내 인생의 터닝포인트』브라이언 트레이시, 이성엽, 황금부엉이, 2007. 10. 05

『내 인생을 바꾸는 기적의 돈 관리법』유평창, 원앤원북스, 2010. 05. 07

『사람의 마음을 바꾸는 칭찬의 기술』데일 카네기, 김병민, 해피앤북스, 2012. 11. 20

『내가 원하는 것을 나도 모를 때』정승환, 다산초당, 2020. 02. 28

『운, 준비하는 미래』이서윤, 이다미디어, 2015. 08. 27

『내가 100억 부자가 된 7가지 비밀』김도사, 미다스북스, 2019. 05. 23

『나는 된다 잘된다』박시현, 유노북스, 2020. 04. 06

『독서 컨설팅』심상민, 교보문고, 2009. 05. 11

『사람을 움직이는 기술』데일 카네기, 문장, 2018. 02. 15

『독서의 기술』모티머 J. 애들러, 찰즈 밴도런, 범우사, 2011. 02. 15

『1시간에 1권 퀀텀 독서법』김병완, 청림출판, 2017. 03. 31

『마케터의 문장』가나가와 아키노리, 김경은, 인플루엔셜, 2020. 02. 07

『나는 워킹홀리데이로 인생의 모든 것을 배웠다』권마담, 위닝북스, 2017. 05. 22

『칭찬은 고래도 춤추게 한다』켄 블랜차드, 타드라시나크 외 2명, 조천제, 21세기북스, 2018. 11. 02

『왓칭2』김상운, 정신세계사, 2016. 01. 22

『철강왕 카네기 & 아메리카 억만장자들』최희성, 내외신서, 2017. 09. 14

『경제학자의 생각법』 하노 벡, 배명자, 알프레드, 2015. 06. 04

『축복』 장영희, 비채, 2006. 07. 10

『몸값 높이는 독서의 기술』 정소장, 김도사, 위닝북스, 2019. 09. 18

『그리고 모든 것이 변했다』 아니타 무르자니, 황근하, 샨티, 2012. 09. 12

『질문이 인생을 바꾼다』 김태광, 위닝북스, 2016. 01. 15

『공부에 미친 사람들』 김병완, 다산북스, 2019. 01. 14

『독서 고수들의 독서법을 훔쳐라』 이성열, 북오션, 2020. 09. 17

『인간관계는 소통과 설득이다』 데일 카네기, 퀸튼 신들러, 이경남 외 1명, 문장, 2014. 01. 25

『UFO와 신과학 그 은폐된 비밀과 충격적 진실들』 박찬호, 은하문명, 2014. 10. 29

『초인생활 : 탐사록』 베어드 T. 스폴딩, 정창영, 정신세계사, 2020. 08. 25

『초인생활 : 강의록』 베어드 T. 스폴딩, 정신성, 정신세계사, 2020. 08. 28

『힐러리처럼 일하고 콘디처럼 승리하라』 강인선, 웅진지식하우스, 2006. 06. 07

『김대리는 어떻게 1개월 만에 작가가 됐을까』 김도사, 권마담, 미다스북스, 2018. 08. 27

『타인의 시선에서 자유로워지는 법』 이은숙, 미다스북스, 2020. 05. 26

『일취월장』 고영성, 신영준, 로크미디어, 2017. 12. 07

『책 읽는 방법을 바꾸면 인생이 바뀐다』 백금산, 부흥과개혁사, 2002. 12. 20

『세상에 읽지 못할 책은 없다』 사이토 다카시, 임해성, 21세기북스, 2016. 05. 06

『이기적 삶의 권유』 게리 콕스, 강경이, 토네이도, 2013. 09. 25

『아주 작은 습관의 힘』 제임스 클리어, 이한이, 비즈니스북스, 2019. 02. 26

『시간을 정복한 남자 류비셰프』 다닐 알렉산드로비치 그라닌, 이상원, 황소자리, 2004. 01. 30

『누구나 가는 길은 정답이 아니다』 권마담, 오지영, 미다스북스, 2020. 05. 13

『이카루스 이야기』 세스 고딘, 박세연, 한국경제신문사, 2014. 01. 15

『일독일행 독서법』 유근용, 북로그컴퍼니, 2015. 10. 20

『하루 10분, 하루 한 뼘』 금주은, 북포스, 2015. 06. 10

『내가 확실히 아는 것들』 오프라 윈프리, 송연수, 북하우스, 2014. 12. 05

『뇌내혁명』 하루야마 시게오, 오시연, 중앙생활사, 2020. 04. 22

『독서는 절대 나는 배신하지 않는다』 사이토 다카시, 김효진, 걷는나무, 2015. 06. 03

『책의 힘』 애덤 잭슨, 장연, 씽크뱅크, 2009. 07. 01

『레버리지 러닝』 혼다 나오유키, 박성주, 미들하우스, 2008. 05. 15

『리듬』 김상운, 정신세계사, 2015. 04. 15

『신과 나눈 이야기 1』 닐 도날드 월시, 조경숙, 아름드리미디어, 2019. 05. 10